o g n i t a

伊藤仁斎の思想世界

仁斎学における「天人合一」の論理

山本正身 著
Masami Yamamoto

慶應義塾大学三田哲学会叢書

目次

凡例

一、伊藤仁斎著作からの引用は、原則として天理大学附属天理図書館古義堂文庫所蔵の仁斎生前最終稿本に拠った。『中庸発揮』は稿本の判読上の理由から刊本（京兆玉樹堂、正徳四年刊）を使用した。引用については、煩を避けて引用文の文尾に附した括弧内に出所を、以下のように略記した。

＊『論語古義』学而第一・第四章「論注」→（論古・学而四、論注）／『孟子古義』尽心章句上・第十五章「小注」→（孟古・尽心上十五、小注）／『中庸発揮』下篇・第十八章第四節「小注」→（中発下十八の四、小注）／『大学定本』第一章「大注」→（大定一、大注）／『語孟字義』巻之上「道」第一条→（字義上・道一）、『語孟字義』附「堯舜既に没して邪説暴行又作《おこ》るを論ず」→（字義附・邪説）／『童子問』巻之上・第二十一章→（童上二十一）。

＊上記以外の仁斎著作からの引用については、略記を用いず、その出所を引用文尾の括弧内に表記した。

一、朱熹著作からの引用は、原則として、朱熹撰／朱傑人・嚴佐之・劉永翔主編『朱子全書』（全二十七冊、上海古籍出版社・安徽教育出版社、二〇〇二年）に拠った（注表記は、これを『朱子全書』と略称した）。

一、仁斎著作・朱子著作をはじめとする前近代の儒学書、ならびに江戸時代の諸著述からの引用（読み下し文）については、原則として新字体、新仮名づかいを使用した。

序

本書において、筆者は、江戸儒学の一思想系列である「仁斎学」の概要を描出しようと試みる。仁斎学の思想体系を、伊藤仁斎（一六二七～一七〇五）その人の意図を咀嚼しながら再定義し、その思想内容や思想的特質を再評価しようと考えている。しかし、では今なぜ仁斎学に学問的な関心を寄せるのか。今改めて仁斎学に視線を投ずることにどのような学問的意義があるのか。

仁斎学に対する思想史的評価については、すでに一定の通説が形成されてきている。それはおおよそ、①『論語』『孟子』を指標とする文献実証的な儒学思想の解釈を体系づけた（「古義学」の構築）、②江戸初期思想界に主導的な影響を及ぼしつつあった朱子学思想を真っ向から批判した（朱子学との対峙）、③日常的で身近な「人倫世界」に「道」を求める独自の儒学体系を構築した（「人倫日用の道」の主唱）、④こうして、もともと外来思想である儒学の江戸社会への定着を進行させた（儒学の日本化）、などであるといえる。[1]

もちろん、筆者の仁斎学理解も基本的にこの通説から出るものではなく、その意味では本書の試みも、必ずしも従来とは異なる新たな仁斎学像を打ち出そうとするものではない。だが、今改めて仁斎学にアプローチしようとする上での筆者の着眼点は、そもそも仁斎の弛みない学問的探究は一体何を目指すものであったのか、の読み直しにある。通説に示されるように、仁斎が孔孟思想に儒学の本義を読み取ろうとしたことは確かである。仁斎が「人倫日用」の世界に「道」の本質を見出そうとしたことも間違いない。しかし、ではなぜ、仁斎は孔孟思想に儒学の本義を読み取ろうとしたのか。なぜ、仁斎は「人倫日用」の世界に「道」の本質を見出そうとしたのか。そうした、仁斎の学問的動機の最も根本的な所在を注視することで、仁斎学の思想構造や思想体系に従来よりも一層鮮明な構図を与えることができるのではないか。その可能性を探ってみたい、というのが本書での筆者の第一義的な問題関心なのである。

それでは、仁斎をして孔孟思想へのアプローチや「人倫日用の道」の論究へと向かわしめた彼自身の最も根本的な学問的動機とは一体何であったのか。実は、それを私たちに直接に伝える仁斎の言葉を、彼の述作から見つけ出すことは容易ではない。仁斎の主著というべき『論語古義』や『孟子古義』にはその冒頭に「叙由」が載せられているが、そこで述べられているのは『論語』『孟子』というテキストの由来であって、仁斎自身の学問的探究の由来ではない。儒学の基本概念や基本的枠組みに対する仁斎の認識を綴った『語孟字義』や『童子問』でも、その序文に相当する記述は両書の執筆動機を主としている。仁斎の没後、嫡男東涯（一六七〇～一七三六）らによって整理された文献、例えば『古学先生文集』所載の諸論攷や、東涯が仁斎の生涯を綴った「先府君古学先生行状」についても、仁斎の学問的探究の根本的動因に関する直接的な記述は、管見の限り見当たらない。[2]

それゆえ本書では、仁斎の学問的探究の根本的動因に対する筆者なりの理解を、いわば作業仮説として提示し、その視点から仁斎学思想体系へのアプローチを試みることにする。その筆者の理解とは、次のようなものである。

（i）仁斎が、その学的営為を通して探究し続けたものは「天下泰平」、すなわち「世の中全体の調和と充実」であった。

（ii）仁斎学は、調和し充実した世の中のありようと、それを実現するための方法を為政者（治者）の側の立場ではなく、一般庶民（被治者）の側の立場から明らかにすることを最重点的な課題とした。

（iii）そのため仁斎は、儒学の教説を一般庶民にも実践可能なものとして読み直したが、それが「天」「道」「徳」「性」や「仁義礼智」「孝弟忠信」などの儒学の基本用語や、「天道と人道との関係」や「性と道との関係」などの儒学の基本的枠組みに対する仁斎特有の解釈を生み出すことになった。「人倫日用」に重きを置き、儒学の江戸社会への定着を促した仁斎学の独自性も、その由来はこの点に認めることができる。

ここで、この三つの作業仮説の趣旨を簡単に述べておく必要があるだろう。

まず、(i)についていえば、「世の中全体の調和と充実」とは、私たち人類が已むことなく希求し続けてきた、そして今なおそれを希求し続けている、全人類の永遠の目的でもある。仁斎が学問に志した寛永年間とは、元和偃武から一定の時間が経過していたとはいえ、戦国乱世の記憶が人々の意識に依然として刻印されており、それゆえ調和と充実を求める気風が社会全体を濃厚に覆っていた時代であったといえる。仁斎もまた、その朱子学との出会いを通して「治国・平天下の道」を主題とする教説に、平和で安定した時代と社会の思想的な拠り所を求めようとしたものと推察されるのである。

ただし、この学的課題が、いつの時点で仁斎に自覚されるようになったのかを確定することは困難である。「先府君古学先生行状」によれば、仁斎が初めて『大学』の「治国・平天下」説に接したとき、「今の世亦許《またかく》の如き事を知る者有るや」との感想を洩らしていたという。「平天下」の道に対するこの萌芽的な関心が、やがて「学とは、天下の公学」(童中四十八)とする仁斎学の最も根本的な学問観を形成せしめるに至った、というのが筆者の一つ目の仮説的立論である。

また(ii)については、町人儒者としての仁斎が「平天下の道」を説く上で、そもそもの

「天下」の意味が、一般庶民にとって手の届かない高遠な形而上学の世界や、為政者によってのみ担われる政治の世界ではなく、人々の人倫関係からなる身近な日常世界にある、との示唆を孔孟思想から与えられたことは、彼の学的探究を一層鼓舞することになったはずである。確かに仁斎は、孔孟思想に学問の指標を見出した。だがそれは、孔孟思想にこそ「道」の本義が明示されていると理解されたからであって、孔子・孟子という先聖の存在それ自体に対する崇拝の念を第一義的な由来とするものではなかった、というのが筆者の二つ目の仮説的立論である。

ただしこの仮説は、仁斎学を一般庶民のみを対象とした学問と位置づけたり、全体としての社会秩序に優先的視線を傾けた学問と評価したりするものではない。仁斎が、江戸初期の京都を町衆として過ごしたことに基づく地域性や階層性を無視して、彼の学問を語ることはできないにせよ、仁斎学が、地域性や階層性を超えた普遍的な次元で一つの学問体系を組み立てようとした試みであったことは疑いない。また仁斎学には、社会をその全体の側から論ずるよりも、むしろ個々人の側から、個々人の集合として論じようとする姿勢が顕著であった。仁斎学を積極的に一つの政治思想として位置づけようとする評価が、これまで稀少であったのもそのためである。

そして、(iii) の作業仮説についてである。儒学は太平の世を実現するための思想的拠り所たりうるとの理解が、一般庶民の間にも拡がっていくためには、その教説が「知りやすく行いやすい」ものであることが求められるはずである。仁斎が対峙した先行学説としての朱子学は、高遠な形而上学の世界に「道」の所在を求めることで、壮大な学問体系を組み立てたが、その反面、人々の日常的な道徳行為ですらも、それを根本的に規定するものは「理」という形而上学的観念であるとした。「天」「道」「性」などの字義を理解するにも、「仁義礼智」や「孝弟忠信」などの道徳を実践するにも、形而上学的原理としての「理」の把握をもって、そのための必須の前提と見なした。だがそれは、現実の日常的生活空間にて生を営む一般庶民の意識や感覚からはあまりにも隔絶した要求であった。

『論語』『孟子』の熟読玩味を通して、元来の孔孟の教えが、一般庶民の日常的な生活感情に直接応答しうるものであることを発見した仁斎は、各種の儒学用語や道徳実践に対する朱子学的解釈を解体させ、それらを一般庶民の日常的生活空間の文脈に取り込みながら再定義した。仁斎によって試みられたこの朱子学説の脱構築作業は、儒学を一般庶民にも身近な学問体系として再生させるとともに、その一般庶民もまた「天下泰平」を担う実践主体たりうるとの立論を主導する思想史的役割を担った。筆者のこの三つ目の作業仮説は、一般に朱子学説に基づいて説かれる「儒学的主体」の理解、すなわち、世界を「主体」となって牽引する人間とは「天理」の所在を自己の内面に自覚し、「天理」に則した実践を展開することで「天地」との一体化を果たしうる存在だとする理解、とは思想関心を異にする、もう一つ別の「儒学的主体」の解釈可能性を切り開くものとなりうる。

こうして、仁斎の学的動機と学的営為の根本に何が所在していたのか、という関心から仁斎学の思想構造や思想的特質を再評価することで、社会形成の実践主体に関する儒学の思想的可能性に新たな地平を提示することが期待できる。すなわち、社会形成の担い手を現実的には一部の卓絶した能力を有する人間に限定させて理解せざるをえなかった従来の朱子学的な「儒学的主体」の論理に対し、社会形成とはすべての人々がその担い手であり、実践主体たるすべての人々の人倫的な連環こそが社会形成の最も本質的にして現実的なありようであるとする論理が、江戸儒学思想の内部にて形成されていたことを示唆する。

儒学には多様な思想系列が存在し、その教説も多彩な解釈が可能である。だが、儒学に内在する豊かな思想的可能性が今日の社会が直面する諸課題にどう応答しうるのか、というテーマが私たちの関心に上ることは稀少というべきである。しかしながら「天下泰平」の実現が、今なお社会の最重要課題であるのなら、社会を構成するすべての人々こそが「天下泰平」への責任を引き受けるべき実践主体であるとの教説が、私たちの足元にある儒学思想の内部にて組み立てられていたことの思想史的意義は、決して等閑視できない重みをもっているはずである。

今日の一般的通念からすれば、すでに「忘れ去られた思想」のようにも見える江戸儒学ではあるが、それを過ぎ去った古い時代の思想的遺物として片付けてしまうのは、浅薄な短見というべきであろう。今と未来の諸課題への展望を切り開く手掛かりは絶えず歴史のうちにある、との自覚に立って、もう一度過去の思想へのアプローチを精緻に展開するならば、その作業は過去の思想のもつ思想史的意義の再評価へと、私たちの思想的関心を駆り立ててくれるに違いない。それら過去の思想的営為の中の極めて重要な一事例として、本書では仁斎学に照明をあてようと試みるのである。

Ⅰ——儒学の目的とその朱子学的解釈

儒学の目的

儒学という思想の営為が本来的に何を問題とし、何を目的に据えているのか、については様々な解釈がありうる。それは、倫理や道徳を問題とし、いかにすれば人の世に「道」が行われるのか、を説く思想と理解される。またそれは、政治のありようを問題とし、どのようにすれば天下や国家の平和と安定が実現されるのか、を説く思想とも解せられる。儒学をある種の教育思想として論じたり、それ自体を一つの宗教思想として位置づけたりするケースもある。

だが、それが倫理思想や政治思想と理解されようとも、あるいはそこに教育思想や宗教思想が読み取られようとも、儒学の内部にはその思想構造を貫徹する重要な論理が存在し、それが儒学自体の確乎たる思想的基盤をなすとともに、その思想的特質を形づくっていることは疑いない。その論理とは、一つには、儒学という思想的営為の窮極の目的とするところのものが「世の中全体の調和と充実」の実現にある、ということであり、もう一つには、その目的を達成するには「人が天地と一体化すること」が絶対的な要件とされる、ということである。

例えば、「四書五経」の一つである『書経』には、堯・舜・禹・湯王・文王・武王など歴世の聖人たちの事績が描出され賛美されているが、それは、聖人たちの治世が理想的な「天下泰平」の世を実現するとともに、それら歴世の聖人の徳が「天地」と完全に合致するものであった、と理解されているからである。その最も代表的なものの一つとして、同書の「虞書・大禹謨」が、舜が禹に与えた言葉として伝える、

予《わ》れ乃《なんじ》の徳を懋《さかん》とし、乃の丕績《ひせき》を嘉《よみ》す。天の歴数《れきすう》は汝の躬《み》に在り、汝終《つい》に元后《げんこう》に陟《のぼ》れ。人心は惟《こ》れ危うく、道心は惟れ微なり、惟れ精に惟れ一、允《まこと》に厥《そ》の中《ちゅう》を執《と》れ。

という文言を取り上げることができる。「天の歴数は汝の躬に在り」という表現に象徴されるように、ここでは、禹はその徳が天道と一体化しており、それゆえ帝位を継承するに相応しい存在であるという理解が、舜の言葉を通して描き出されている。

これとの関連でいえば、『論語』が、堯が舜に告げた言葉として伝える「咨爾《ああなんじ》舜、天の歴数、爾《なんじ》が躬《み》に在り。允《まこと》に其の中《ちゅう》を執《と》れ。四海困窮せば、天禄永く終えん」（堯曰第二十・第一章）という文言も、帝王の譲位がすべて「天命」によるものであること、すなわち「天地と一体化することと」のできる卓抜たる有徳者による治世が継続されることが「天」の意思であることを、最も端的かつ明確に述べたものである。

また、『大学』のいわゆる「八条目」、すなわち「格物・致知・正心・誠意・修身・斉家・治国・平天下」という教説が、「平天下」をもって学問の窮極目的に掲げたこと、あるいは、『中庸』の説く「至誠」の道が「天地の化育を賛《たす》くること」や「天地と参《さん》なること」を到達地点とするものであったことなども、儒学思想の基軸をなす論理がいかなるものであるのか、を象徴的に語り尽くしている。

そもそも、儒学が一つの思想体系として成立し、その学的営為が広く社会に普及するようになるのは、相継ぐ戦乱などで世の中の秩序が乱れ、社会的な危機や混乱が深刻化する中で、秩序の回復と社会の安定を希求する人々の願いが著しく高揚した時代においてであった、といってよい。孔子（前五五二ないし前五五一〜前四七九）が先帝聖人の事績を祖述・憲章することで儒学の思想体系を構築したのは、周王朝の権威が失墜し下克上の風潮の蔓延に伴う争乱が繰返された春秋時代末期のことであった。朱熹（一一三〇〜一二〇〇）がいわゆる宋学の完成形態としての朱子学を組み立てたのは、異民族王朝金の制圧により漢民族が類例のない屈辱と辛酸を味わった南宋の時代においてであった。

日本においても、儒学が広く社会に普及するようになるのは、戦国時代の最中にあって、仏教よりもむしろ儒学に、社会の秩序と安定に寄与しうる思想上の優位性を認める学僧が有力寺院の中から現れ、彼らが領国経営の安定を最重大事とした戦国大名の要求に応ずる役割を演じたことが、重要な契機となった。その代表的存在である藤原惺窩（一五六一〜一六一九）が、京都相国寺での修行時代から播州竜野城主赤松広通《ひろみち》（一五六二〜一六〇〇）と親交を結んでいたこと、また、しばしば徳川家康（一五四二〜一六一六）に招かれて儒学を講じていたことは、よく知られている。また、惺窩と並んで江戸初期儒学の主要な担い手となった林羅山（一五八三〜一六五七）や山崎闇斎（一六一八〜八二）も、もともとはそれぞれに京都の建仁寺や妙心寺で禅を学んでいたが、やがてともに禅から離れて儒学を選び取っていったのであった。羅山が幕府からの厚遇を得て家康から家綱に至る四代の将軍に仕えたこと、闇斎が会津藩主保科正之（一六一一〜七二）から破格の待遇をもって迎えられたことも、「治国・平天下」を説く儒学の教えが徳川社会の為政者から歓迎されたことを示唆している。[2]

朱子学の「天地」観

では、儒学は「世の中全体の調和と充実」をどのような立論を通して説明しようとしたのか。また、そのための絶対的要件である「人と天地との一体化」とはいかなる主張からなる教説であったのか。

儒学は、基本的に「四書五経」に代表される経書の解釈を通してその学説を組み立てているが、経書の本文自体には実に様々な解釈の可能性が与えられるため、その解釈の多様性に応じて儒学には実に多様な思想系列が存在する。江戸儒学でいえば、朱子学・陽明学・古学・折衷学・考証学などの各流派を例示することができる。それゆえ「世の中全体の調和と充実」であれ、「人と天地との一体化」であれ、それをどう理解しどう説明するかは、各思想系列の間で完全に一致しているわけではない。ここでは、朱子学の果たした思想史的役割、すなわち、それが仁斎学をも含めた江戸儒学全般の思想的母胎として機能したその役割に鑑みて、上記の問題に対する儒学の基本的認識を、朱子学説に基づいて確認しておく。

第一に、儒学においては、まさに「天地」こそが調和と充実を象徴するものであった。換言すれば、「天地」とはそれ自体があらゆる調和と充実の根源であるとともに、あらゆる調和と充実が行われている実際的世界なのであった。すなわち、「天地」の営みに眼をやれば、星々の運行も、昼夜・日月や四季の移ろいも、常に一定の規則に基づいて行われている。そうした自然世界の循環運動には、大きな全体として何らの誤謬も認めることはできない。また、その「天地」の中で育まれる様々な生命の営みも、常に調和し充実した生々のありようを示している。あらゆる生命は、茂れる草木も飛ぶ鳥も泳ぐ魚も、それぞれがそうあるべきように生まれ生きており、そこに寸毫ほどの狂いもない。まさに「天地」こそは、絶え間なく現象を現象たらしめ、存在を存在たらしめ続ける淵源なのである。その調和・充実した「天地」の営みについて、朱子の高弟であった陳北渓（一一五九～一二二三）は、次のように述べている。

天道流行して、古より今に及ぶまで、一毫《いちごう》の妄無し。暑往くときは、則ち寒来たり、日往くときは、則ち月来たる。春に生じ了《おえ》て便ち夏に長じ、秋に殺《しい》し了て便ち冬に蔵す。元亨利貞《げんきょうりてい》終始循環万古《ばんこ》常に此《かく》の如し。……天行一日一夜一周して又一度を過ぐると日月星辰の運行躔度《てんど》するとの如き、万古差《たが》わず。[3]

もちろん、朱子学のこうした「天地」観は、天地のあらゆる存在や現象は「気」の運動によって成り立っており、しかもそうした「気」の運動がすべて一つの原理（＝「理」）によって規定されているとする、いわゆる「理気論」に基づくものである。だが、天地宇宙の万物にはそれらを規定する原理ないし法則があり、しかもそれは「天」が定めたものであるとする認識は、例えば、『詩経』の「天烝民《じょうみん》を生ず、物有れば則《のり》有り。民の彝《つね》を秉《と》る、是の懿徳《いとく》を好む」（大雅蕩・烝民）という文言、すなわち「天」が万民を生み育て、事々物々それぞれに法則を定めたとする文言にも、これを読み取ることができる。さらに『論語』の中の「天何をか言うや、四時行われ、百物生ず」（陽貨第十七・第十九章）という孔子の所述も、季節の運行や生命の生成に象徴される「天」の自ずからなる営みに、「道」の本義を重ね合わせたものである。「天地」の営みには一定の法則や原理に基づく調和や充実が行われているというのは、朱子学に限らず、儒学全般の最も根本的な認識なのである。

朱子学における「天人合一」

第二に、従って、人間の世界に調和と充実をもたらすためには、人の営みが「天地」の営みと完全に一体化することが、何よりも必要なこととされた。「天地」の営みが調和と充実に満たされているのに対し、人間世界の現実はまさに混沌と昏迷に覆われている。個々人の前途も社会の命運も未知数であり不透明である。だからこそ、混沌たる人間世界のあり方に正当な規則性を与えようとするのであれば、これを「天地」の秩序の中に組み込むことが必須の要件として理解されたのである。

『中庸』に「誠は天の道なり、之《これ》を誠にするは人の道なり」（第二十章）という言葉が載せられている。ここで説かれているのは、「人の道」と「天の道」とが「誠」であることにおいて一体化することの必要性である。まさに、「天地」の世界において通行している「道」を人間世界に実現することが、「人と天地との一体化」の含意なのであった。では朱子学は、この「人と天地との一体化」をどのような論理に基づいて説明しているのか。上記『中庸』本文に対する朱子の注釈は次の通りである。

誠とは、真実無妄《むもう》の謂《いい》、天理の本然なり。之《これ》を誠にするとは、未だ真実無妄なること能《あた》わずして、其の真実無妄を欲するの謂、人事の当然なり。聖人の徳、渾然《こんぜん》たる天理、真実無妄、思勉《しべん》を待たずして従容《しょうよう》として道に中《あた》るは、則ち亦《また》天の道なり。未だ聖に至らざれば、則ち人欲《じんよく》の私《わたくし》無きこと能わずして、其の徳を為すこと皆《みな》実なること能わず。故に未だ思わずして得ること能わざれば、則ち必ず善を択《えら》びて、然る後以て善に明らかなる可《べ》し、未だ勉《つと》めずして中《あた》ること能わざれば、則ち必ず固く執《と》りて、然る後以て身に誠なる可し、此れ則ち所謂《いわゆる》人の道なり。[4]

この注釈の趣旨は、大きく三つのレベルにおいて理解することができる。まず第一のレベルでは、「天の道」が「誠」であると語られている。そして、「誠」の意味が「真実無妄」あるいは「天理の本然」と解釈されている。これは、天地万物の流行や生成・消長を意味する「天の道」が一切の虚飾のない真実の姿そのものであり、そのあるがままの姿において自ずと調和し充実している、ということを意味している。

次いで、第二のレベルにおいて、「聖人」の存在やその徳が「天の道」と全く同様に「誠」であり、「真実無妄」であると説かれている。「人と天地との一体化」という儒学の窮極目的は、聖人の存在であれば「思勉を待たずとも」自ずと実現される、というのである。もっとも、聖人とはその存在自体が「天地の化育」を主宰する「天の道」と一体化されているとする認識は、例えば、もともとの『中庸』本文にも、

唯だ天下の至誠のみ、能《よ》く其の性を尽《つ》くすと為す。能く其の性を尽くせば、則ち能く人の性を尽くす。能く人の性を尽くせば、則ち能く物の性を尽くす。能く物の性を尽くせば、則ち以て天地の化育《かいく》を賛《たす》く可し。以て天地の化育を賛く可ければ、則ち以て天地と参《さん》となる可し。（第二十二章）

というように描出されている。「天下の至誠」、すなわち聖人の存在とは「誠」の体現者であるがゆえに、意図的な努力を俟たずとも、いわば自然必然的に自らの「性」を尽くすことができる、というのである。さらに同じく『中庸』の「誠は自《みずか》ら己《おのれ》を成すのみに非ざるなり。物を成す所以なり」（第二十五章）との文言に従えば、「誠」とは、自己を完成させるに留まらず、万物をそうあるべきように完成させるものであるため、聖人は、自己の「性」を尽くすことで連鎖的に万物の「性」を尽くすことができ、そうした「天地の化育」を賛助する営為を通して、「天地」と並び立つことができるのである。聖人とは、まさに「真実無妄」たる「誠」を体得することで、自然必然的に「天道」を体現しうる存在なのである。

そして第三のレベルである。このレベルでは、「未だ聖に至らざ」る人間が、その作為的努力を通して「天の道」に参与する可能性について述べられている。つまり、「天地」の営みとしての「誠」や、聖人によって体現される「天道」としての「誠」が自然必然的なレベルで説かれているのに対し、聖人以外の存在の当為目標である「人道」すなわち「之《これ》を誠にする」とは、作為的努力のレベルで論ぜられている。「人と天地との一体化」といっても、そのありようは、聖人とそれ以外の人間存在とでは、相異なる論理が前提に据えられているのである。

聖人と聖人以外の存在との間に生ずるこの懸隔の由来を、朱子学が人の「気質」に求めたことは周知の通りである。すなわち、人もまた「天命」によって天地間に存在する限り、「天理」を得て生まれ生きているが、その肉体や心性を形成する「気」に過不及の偏向があるため、そこから人欲が生じて「天理」の発現を妨げてしまう、という立論である。もちろん、聖人は中正純粋なる「気」を稟けているため、その自然なふるまいが必然的に「天理」に適うことになり、それゆえ「思わずして得る」ことや「勉めずして中《あた》る」ことが可能となる。だが、聖人以外の人間は、多かれ少なかれ偏向し混濁した「気」を稟けているために人欲の介在によって虚妄に陥ってしまう。だからこそ、作為的な努力が不可欠なのである。「思わずして得る」ことが不可能だから「善を択ぶ」ことが必要となる。「勉めずして中《あた》る」ことが不可能だから「固く執る」ことが求められるのである。

だがここで重要なのは、聖人以外の人間であっても、その作為的努力を積み重ねて徳を真実無妄にすることができれば、その窮極段階に到達しえた徳は「誠」のレベルにあるものとして聖人のそれと異なる所はない、とする認識である。『中庸』には、聖人の至誠の次段階として「其の次は曲《きょく》を致す。曲なれば能《よ》く誠有り」（第二十三章）と記されている。朱子は、この「曲」を徳の全体ではなく一つ一つの善を致すことと解した上で、

唯《ただ》聖人のみ能く其の性の全体を挙て之《これ》を尽くす。其の次は、則ち必ず其の善端発見の偏自《よ》りして、悉《ことごと》く之を推し致して、以て各《おのおの》其の極に造《いた》る。……積て能く化するに至れば、則ち其の至誠の妙、亦《また》聖人に異ならず。[5]

と述べている。聖人の境地に達しえない人間は、「性」の全体を尽くすことはできないが、各人において部分的に端緒を現している善を推し致し、それによってそれぞれの善の極地に到達し、そうした一つ一つの「曲」の実践の積み重ねによって、徳を真実なるものにすることができる、というのである。些細な善の実践もその努力の蓄積によって真実の徳、すなわち「誠」へと到達することが可能なのであり、しかもそうして実現された「誠」は聖人のそれと異なる所はないのである。

以上のように、三つのレベルにおいて語られる「天人合一」の論理であるが、聖人の境地に達しえていない大多数の人間にとって、自らが引き受けるべき課題が、三つ目のレベルとしてのそれであることはいうまでもない。その「誠」に基づいて「天地との一体化」を自然必然的に実現している聖人とは異なり、一般人が「天地との一体化」を果たそうとするには、「之《これ》を誠にする」という作為的な努力が必須の要件だからである。

『中庸』には、先述の「誠は天の道なり、之《これ》を誠にするは人の道なり」という言葉に続いて、「博く之《これ》を学び、審《つまび》らかに之を問い、慎みて之を思い、明らかに之を弁じ、篤く之を行う」（第二十章）という所論が載せられている。朱子はこれを、

此《こ》れ之《これ》を誠にするの目なり。学問思弁は、善を択んで知と為す所以、学んで知るなり。篤く行うは、固く執りて仁と為す所以、利して行うなり。程子《ていし》曰く、五の者其の一を廃すれば、学に非ざるなり。[6]

と注釈し、「博学」「審問」「慎思」「明弁」の四者を学知、「篤行」を利行と解しながら、これらすべてを「之《これ》を誠にする」ための細目としている。こうして、「之《これ》を誠にする」という学問実践の努力を積み重ねたなら、「愚なりと雖も必ず明《めい》に、柔なりと雖も必ず強し」（同第二十章）

となることが期待される。その成果について朱子は、

> 蓋し均《ひと》しく善にして悪無き者は性なり、人の同じき所なり。昏明強弱の稟《ひん》斉《ひと》しからざる者は才なり、人の異なる所なり。之《これ》を誠にする者は、其の同じきに反《かえ》りて其の異なるを変ずる所以なり。[7]

と語る。人は、「之《これ》を誠にする」という学問実践を通して、その気質・才質の相違に関わらず、誰もが均しく天命によって付与された「性」の本然に復帰することができる、というのである。儒学の重要な一思想系列としての朱子学における学問重視の立場とは、以上のような論理を基盤として成り立っているのである。

天人合一の実践主体

こうして、人は誰もが学問を通して「天地と一体化」することが、論理的には可能な存在と理解されることになる。まさに「聖人学んで至るべし」[8]との立論が、論理上は担保されているのである。だがこの論理は現実社会において、万人を学的営為へと駆り立て、万人が「天地と一体化」することを要請するような働きを有していたのか。

例えば『中庸』は、上記の第二レベルにて「天地」と一体化した聖人による治国のことを、

至誠の道は、以て前知《ぜんち》す可《べ》し。国家の将《まさ》に興らんとするや必ず禎祥《ていしょう》有り。国家の将に亡びんとするや必ず妖孽《ようげつ》有り。蓍亀《しき》に見《あら》われ、四体に動く。禍福の将に至らんとするや、善も必ず先ず之《これ》を知り、不善も必ず先ず之を知る。故に至誠は神の如し。（第二十四章）

と説いている。聖人の道が行われるのは、国家の興亡や禍福の前兆を予知する能力に基づくことなのであり、その至誠は「神の如し」とまで称されるのである。上述のように、第三のレベルにおける「天人合一」も、その到達地点にあっては、第二のレベルでのそれと何ら異なることのない役割が想定されている。その役割は、『中庸』では、「君子は、動いては世天下《よよ》の道となり、行っては世天下《よよ》の法となり、言うては世天下《よよ》の則となる」（第二十九章）と説かれる。第三のレベルでの「天地との一体化」も、その実践主体の言行が世の中の法度となり準則となることが求められるのである。だが、これはまさに「天下に王たる者」の役割といえ、しかも実際的には、天子の位にある人間が執り行う治世や経国のありようを指すものと理解するのが自然である。そうした実践が聖人の域に達していないすべての人間にも開かれている、と考えるのが現実的とは到底認められないだろう。

この「天人合一」をめぐる朱子学の論理と中国社会の現実との関係を、歴史・社会的にどう理解するかは、朱子学が中国の社会形成に果たした実際的役割を明らかにする上でも、中国思想史における重大問題といえる。さらに、その視野を朱子学が伝播した東アジア地域全般の諸動向に拡げて、東アジア各地域における「天人合一」の実相を吟味することも、今日の思想史研究では必要とされる作業であろう。だがこの問題は、本書での筆者の課題を超え出るものであるため、深く立ち入ることはしない。

ただし、若干の論点だけ提示しておくならば、中国南宋における朱子学の形成が、いわゆる「士大夫」層の統治者としての自覚を社会的背景とするものであったことは間違いない。またその中国社会への普及が、元代後半の「科挙」再開以後、朱子学説が経書解釈の基準とされたことを重要な契機とすることも疑いない。「科挙」制度を通して、実徳を養った士大夫層が「天人合一」の実践主体としての政治的役割を演ずる、という社会的文脈もある程度まで形成されていたといえる。だが、朱子の門人層は総じて、中央政府高官というよりもむしろ地方官など地域に生きる士人であった。彼らが「天下の至誠」に匹敵するような政治的役割をどこまで演じえていたのかは、不透明といわざるをえない。まして、一般大衆の全体に「天人合一」の実践主体であることを求めるような歴史的・社会的文脈は、朱子学の足元である中国においても稀薄であったと見る方が自然であろう[9]。

ともあれ、「天人合一」が論理的には万人に開かれていながら、現実的な社会実践面でそれが期待されるのはごく一部の人間に限られざるをえないという、朱子学に内包されたこの思想的不整合をどう理解しどう克服するかは、儒学が江戸社会に受容されていく中で、儒者たちが必然的に向き合わねばならない問題となっていく。そうして、この困難な問題に対していかなる回答を用意することができるのかに関わる思想的格闘とその蓄積が、江戸儒学の思想的系譜を形づくっていくことになる。本書がこうした江戸儒学史の動向の中に、仁斎学を位置づけようとする試みであることは繰り返すまでもない。

II——江戸の儒学と社会における「天人合一」

江戸初期朱子学と「天人合一」

それでは、儒学の説く「人と天地との一体化」という論理は、江戸社会においてどのように理解されたのか。とくに、一体化の担い手として想定された人間とは、いかなる階層に属し、いかなる地位にある人々だったのか。本章では、江戸初期における朱子学の主要な担い手たちの所論を中心に、この問題に対する論考を試みる。

結論を急ぐなら、江戸初期の朱子学者たちは、概ね上述のような「天人合一」という教説を、論理上は、ほぼそのままストレートに受け容れていたと指摘することができる。例えば、江戸初期における朱子学受容の重要な拠点をなした「京学」の系譜でいえば、その嚆矢たる藤原惺窩は、

それ天道なる者は理なり。この理、天にあり、未だ物に賦《ふ》せざるを天道と曰《い》う。この理、人心に具わり、未だ事に応ぜざるを性と曰う。性もまた理なり。……凡そ人、理に順わば、則ち天道その中にありて、天人一の如き者なり。欲に狥《したが》わば、則ち人欲その徳に勝ちて、

天はこれ天、人はこれ人なり。[1]

と、人の「性」（本性）とは天から賦与された「理」であるとした上で、「理」に従えば「天人合一」が可能であり、「気」の過不及から生ずる人欲に従えば人は天から離反することを強調する。ここには朱子学の「性即理」という所論に基づいた「天人合一」観が、まさに朱子学説の趣旨に沿った形で示されている。さらに「天人合一」の境地に達すれば、

我の心を以てして天地の心に通ずれば、則ち範囲《はんい》道ありて、天地我によりて位《くらい》す。我の心を以てして万物の心に通ずれば、則ち曲成《きよくせい》道ありて、万物我によりて育す。[2]

という具合に、天地の定位や万物の化育の主宰者としての「我」が意識化されていく、とされる。惺窩にとって、「理」が万人に均しく賦与されているものである限り、「天人合一」とはその可能性が、論理上、万人に開かれていたのである。

同様に、惺窩門下の中心的人物である林羅山も、

天地物《もの》ヲ生ズルノ心ヲ以テ心トシテ、人ミナ仁義ノ心ナクテハカナワヌゾ。……人ニハ天

理自然ノ性ヲウケテ、仁義ノ心ナキ人ハナケレドモ、人欲ノ私ニ陥溺《かんでき》セラレテ、仁心ヲ失ウゾ。人欲ニ陥溺セラレズバ、人ツネニコノ仁義ノ中ニアリテ、シバラクモ離ルベカラザルコト、天地物ヲ生ズルノ心ノ、一息ノアイダニモタエズシテ、草木万物ヲ生ジ、雨露ノメグミヲ施スガ如クナランゾ。故ニ仁・義・礼・智ハミナ天理ゾ。[3]

と説いて、万物を化育する「天地の心」と仁義を行う「人の心」とが連続的関係にあるとの認識を示していた。天理に由来する「仁義礼智」の実践が、「人と天地との一体化」を意味する、というのである。この認識に従えば、「天理自然ノ性」が万人に賦与されている限り、衆人にも「人欲ノ私」に陥溺しないことを条件に、「天人合一」に達する可能性が担保されていたといえる。

こうした認識は、惺窩門人のもう一人の重要人物である松永尺五（一五九二〜一六五七）にも共有されている。すなわち尺五は、

ソレ儒道ハ天道ト一理ト教ユルコトナリ。天ニアッテハ命ト云《いい》、人ニアッテハ性ト云《いう》、皆《みな》理ナリ。天ニ陰・陽アレバ、人ニ男・女アリ。天ニ木・火・土・金・水ノ五行アレバ、人ニ仁・義・礼・智・信ノ五常アルナリ。天ニアッテハ五常則《すなわち》元・亨・利・貞也。四季ニ

配スレバ、春ハ仁也。夏ハ礼也。秋ハ義也。冬ハ智也。信ハ則《すなわち》土用也。皆《みな》天地ヲ表シテ行ウ道ナレバ、天即我、我即天、コレヲ天人合一ノ学文ト申スナリ。[4]

と、「理」に基づく「天人合一」を説いている。尺五の場合、さらに注目すべきは、

天子ハ天下ヲオサムル心ト法トヲ御学問ナシタマイ、諸侯ハ国ヲオサムル心ト法ト、大夫ハ家ヲオサムル心ト法ト、士庶人ハ身ト心トヲオサムル法ヲ、ソレゾレニ学問ヲ教ユル道ハ、一々ニ四書五経ニアルコトナレバ、人倫タルモノハ一日モシラズシテアルマジキコトト也。[5]

と、儒学の教えを天子から士庶人に至る万民が学ぶべき道であると説き、その意味で、万民をもって「天人合一」の担い手として想定する認識を示していることである。

もちろん、各人の学的営為は天子・諸侯・大夫・士庶人の違いに応じて同一ではない。だが、「親ニ孝アル心ヲ以テ君ニツカウレバ忠トナリ、家ヲオサムル法ヲ以テ天下国家ヲオサムレバ安穏太平ナリ。道理一本ナルユエニ、オサムルトキハ一寸ノ胸中ニオサマリ、ヒロムルトキハ天下国家ニ充満スル」[6]との所説からは、天子から士庶人に至る万民の学的営為が同一同源の道

理に貫かれており、各人がその道理を学修することが天下泰平の由来をなす、とする認識を読み取ることができるのである。

闇斎学と「天人合一」

「京学」の系譜と並んで、江戸朱子学受容のもう一つの重要な拠点となった闇斎学ではどうか。山崎闇斎の学問の全体像を論じようとするとき、それが神道への傾斜を一つの特質としたことを看過することはできないにせよ、その儒学としての立場が朱子学の自覚的かつ徹底的な祖述を趣旨とするものであったことは、「我が学朱子を宗《そう》とす。……故に朱子を学んで謬《あやま》る、朱子と共に謬るなり。何の遺憾か之《これ》有らん」[7]という闇斎の言葉に象徴されている。当然、その「天人合一」に関する認識も、朱子学のそれを忠実に踏襲するものであったといえる。実際に闇斎は、

> 宇宙の間、一理のみ。天は之《これ》を得て天と為《な》り、地は之《これ》を得て地と為《な》る。而して凡そ天地の間に生まるゝ者は、又各之《おのおのこれ》を得て以て性と為す。……是を以て其の自然の理に因《より》て自然の功を成せば、則ち以て天地に参《まじわり》て化育を賛《たす》くることあり。[8]

と述べ、天地万物を通貫的に規定する「理」の作用を前提とする「天人合一」の主張を展開している。この引用文では「自然の理に因て自然の功を成」すための工夫は明示されていないが、他の著述の中では、例えば、

天地は物を生《な》すを以て、心と為《す》るなり。而して人物の生《うま》るる、又各《おのおの》夫の天地の心を得て、以て心と為《す》るなり。……蓋し天地の心、其の徳四つ有り。元亨利貞と曰《いい》て、元統《もとすべ》ざること無し。其の運行は、則ち春夏秋冬の序を為して、春生の気通《つう》ぜざる所無し。故に人の心為《たる》、其の徳亦《また》四つ有り。仁義礼智と曰て、仁包《か》ねざること無し。[9]

というように、「人の心」としての仁義礼智が「天地の心」としての元亨利貞に由来し対応するものと説かれている。これは、上記の林羅山や松永尺五の所論とほぼ同一の認識に立つものであり、人は仁義礼智の実践を通して「天地の心」を自身の心とすることができる（天地と一体化することができる）ことを示唆するものといえる。

なお闇斎は、「天地の心」に応ずべき「人の心」が、他方で人欲に流されて虚妄に陥る傾向にあることを強く意識し、そうした心の陥穽から逃れるための心法として「敬」を重視する。「夫《それ》敬ノ一字ハ、儒学ノ始ヲ成シ終ヲ成スノ工夫ニシテ、其来《きた》ルコト久遠也。天地ノ開キ始マ

リシヨリ以来、代々ノ聖人道統ノ心法ヲ伝エ来リ玉ウモ、此ノ敬ニ過ギズ[10]」という言葉がそれを象徴するのであるが、注目すべきは、「天地の心」を自身の心とするための心法である「敬」が、聖賢のみならず衆庶人に普く必要なものと説かれている点である。それについて闇斎は、

> 抑《そもそも》敬ト云ハ……専ラ聖賢分上ノコトニシテ、衆人ノ上ニハ与リ渉ラヌ事ノ様ニ聞ユレドモ、全ク左様ニハ非ズ。聖賢ト云イ衆人ト云エドモ、天性受伝《うけつたわ》ル心上ニハ毛頭モ明暗ノ優劣ハ無《なけ》レドモ、気稟ノ差《たが》イニ因テ、聖賢愚不肖ノ差異アル也。故ニ聖賢ハ敬ノ自然ナル者ニシテ、愚者ハ勤苦シテ敬ヲ求メ、不肖者ハ一向《ひたむき》ニ不敬ニ陥ルゾ。[11]

と論ずる。この主張自体は、人の「性」は「本然の性」においてすべて同質でありながら、「気質の性」において昏明厚薄の差が生ずるという朱子学説の線に沿ったものといえる。だが、「敬」の実践を万人に求めたこの所論との関連でいえば、

> 天下ト云《いう》モ国ノ多クアツマリタル也。国ト云《いう》モ、只ソノ山川バカリノコトデハナシ、家ノ多クアツマリタル也。家ハ何ゾ。父子兄弟夫婦ソレゾレノ身ノアツマリタルゾ。一家ノ内ニ父子兄弟夫婦トワカレテ別々ナレドモ、畢竟《ひっきょう》皆一人一人ハ身也。サテ推《おし》テ国天下ニ及《およん》

デモ、治シテ平《たいらか》ニナルトハ、其国・天下ノ人人ノ身ガ治リタルニ非《あらず》ヤ。是《これ》、聖学ノ見コミドコロ、此身ヲ外ニシテテトカクト云《いう》ハ、皆異道也。[12]

という闇斎の主張が興味深く感じられる。ここには、全体としての天下国家のありようを朱子学的な「理」の通行ではなく、人々の集合としてとらえるような思考様式を認めることができるからである。もちろん、この文中の「一人一人」が江戸社会の身分秩序を突き崩す意味をもつものではないだろう。だが、闇斎学における「天地の心」を「人の心」とするための工夫としての「敬」の強調が、江戸儒学における「天人合一」説の一つの特質をなすものであったと見ることはできるだろう。

江戸社会と「天人合一」

「人と天地との一体化」を目指す儒学の教説が、江戸初期の儒者から論理上ほぼ受け容れられていたことは、以上に概観した通りである。しかし、果たしてこの教説は歴史的現実としての江戸社会において、実際的に目指されるべき教えとして機能していたのか。とくに、論理的には万民に開かれていたはずの「天人合一」の可能性は、江戸社会の現実の中でどう受けとめられていたのか。

太平の世が開かれた江戸初期にあって、「治国・平天下」の実践主体はやはり為政に携わる武家階層の人々に限られると理解されていた。しかも幕藩体制下にてその絶対的主体と理解されたのは、何よりも将軍の存在であった。例えば、徳川家康の重臣であった本多正信（一五三八〜一六一六）の記録とされる『本佐録』には、

天道とは、神にもあらず、仏にもあらず、天地のあいだの主《ある》じにて、しかも体なし。天心は万物に充満して、至らざる所なし。……彼《かの》天道の本心は、天地の間太平に、万人安穏に、万物生長するを本意とす。また天下を持《もっ》人を、天子という。天下を治《おさむ》べき其心器量にあたりたる人を撰び、天道より日本のあるじと定《さだむ》るなり。[13]

とあり、徳川将軍家が天下を治めることの正統性が「天道」に見出されている。あるいは、徳川四天王の一人に数えられた本多平八郎忠勝（一五四八〜一六一〇）が徳川家康の所述として伝える言葉でも、

先吾《まずわが》先祖のその初めの世に天道より命令をうけて人となり、それより段々父より我までに成り来《きた》れり。……然る上は先祖より下は是《これ》子孫の取次役《とりつぎやく》にて……取次という事は天道の命

を段々に守り継ぐ事なる故に……天道我を生《いか》して役人とに立置《たておか》るゝなり。[14]

と、徳川氏が将軍家として天下に君臨することの正統性の根拠が「天道」に求められている。このように、徳川将軍の存在自体が「天道」から天子であることが命ぜられている限り、この場合の「天人合一」とは前章でいう第二のレベル、すなわち聖人がその至誠をもって自ずと「天地と一体化」するレベルのものを指すのかもしれない。だが、家康の言葉は「天下国家を治るものは四書をよく〳〵見聞せずんばならざる事なり」[15]と続けられており、「天道」に基づく治政のためには、徳川将軍にとっても、学問への取り組みが不可欠の要件とされているのである。

また、家康の意向に従えば、「我目利を以て、国主或は大名にて人の上に立置《たておく》は、国家を守らせ、民百姓を安からしめん為なり。天道も又斯《かく》の如し。さら〳〵身の歓楽が本意にあらず」[16]というように、大名や上級武士にも自身の務めが「天道」に適うべきものであることへの覚悟を求めている。元和偃武により、徳川幕府が諸大名を完全にその統制下に置くことで、天下の治世が将軍家に帰一したとはいえ、天下泰平を実質的に支えるものは諸藩における具体的な政治のありようであった。幕藩体制の基本構造がこの領国支配を前提として成り立っている限り、諸大名にも「天道」への参与を求める論理は必要であった。この意味では、幕府の認識も「天人合一」の主体を将軍家のみに限定していたわけではなく、大名や家老クラスの上級武士にもその役割を期待していたことが窺われる。

ともあれ、幕藩体制下においては、「天道」に従うという観念が、「治国・平天下」の担い手たることを保証する意味合いを有していたことに注目しておきたい。為政者の資格として最重要なのは、「天道」に従うことだとする認識もまた、近世に現れた「天人合一」説の一つの形と見ることができるからである。

領国経営と「天人合一」

諸藩の大名や家老クラスもまた、「治国・平天下」を担う実践主体であるとの認識は、実際にそれらの人々の言葉として伝わってもいる。例えば、江戸初期における好学の名君と評される岡山藩主池田光政（一六〇九〜八二）は、

上様《うえさま》は日本国中の人民を天より預り成さられ候。国主は一国の人民を上様より預り奉る。家老と士《さむらい》とは其《その》君を助けて、其《その》民を安くせん事をはかる者なり。[17]

と述べ、徳川幕藩体制下において、治国・安民の実現が大名と家老を筆頭とする家臣団の役割

に委ねられることを強調している。その上で、「学問は国家を治《おさむ》る曲尺《かねじゃく》なり。聡明に生得《うまれえ》たる者にても無学にては我流というものになり、差支《さしつかえ》多く治《おさま》りがたきものなり」[18]と、家中の者が学問に従事することの必要を訴えている。光政が熊沢蕃山（一六一九～九一）を登用して儒学の普及に努めたのも、武士が太平の世の担い手であるためには学問の素養が不可欠との認識に基づくことであったといえる。

戦国乱世の勇将として知られた福岡藩主黒田長政（一五六八～一六二三）も、

国ヲ持《たも》ツ主将ハ、格別之《の》思慮無《な》クシテハ叶イ難シ。凡人ト同ジ様ニ心得ベカラズ。先《ま》ず我身ノ行儀作法正シクシテ、政道ニ私曲ナク、万民ヲ撫育《ぶいく》スベシ。[19]

と、国持の大名をもって治国を担う第一の主体とした上で、実際に嫡男の忠之（一六〇二～五四）に対し、「四書五経孝経、素読能覚《よくおぼえ》候ワバ、道雲（林羅山）折々呼ビ道理ヲ聞《きき》、国之《の》仕置素直ニ、非道之《これ》無キ様ニ学問ヲ用イ候事、第一ニテ候」[20]との書付を遺している。天下国家を牽引する為政者の条件として、やはり学問の素養を取り上げるのである。

この二つの例は、「治国・平天下」の担い手を大名クラスの有力武家に措定するとともに、その担い手たるための必須の要件として、学問への取り組みを重視している点において認識を共有している。江戸社会が「天人合一」の担い手をほぼ将軍家と大名クラスの有力武家に措定したのは、一方で彼らが「天命」を受けてその地位にあると理解されたことと、他方で彼らの自覚的な学問への取り組みが期待されてのことなのであった。[21]

だがこれは、見方を変えるなら、近世初期の日本社会では、農工商の庶民はもとより一般士族にとっても、学問に基づく「天人合一」とは日常の生活実態から懸け離れた疎遠な観念にすぎなかったことを意味する。実際、長い戦乱の世をくぐり抜け、「武功」で身を立ててきた武士たちの多くが、学問一般はおろか書物に接することにさえ無関心であったとしても不思議ではない。伊予大洲藩に仕えていた中江藤樹（一六〇八〜四八）が、その尚武の藩風ゆえに、深夜人目を憚って儒書を読んでいたことはよく知られた逸話である。藤樹の「世俗のとりさたに学問は物よみ坊主衆、あるいは出家などのわざにして、士《さぶらい》のしわざにあらず、がくもんすきたる人はぬるくて武用《ぶよう》の役に立《たち》がたし[22]」という言葉は、近世初期の武士一般の学問意識がどの程度のものであったのか、を語り伝えている。

武士全般が学問に従事することの必要性に対する認識は、時代の進展とともに深化していく。とくに、天明・寛政年間前後から諸藩が盛んに学問所（藩校）を設立するようになると、学問への取り組みは下級武士にも波及するとともに、そうした学問熱はさらに庶民をも巻き込んでいく。だが、十八世紀後期から生じたこの「儒学の大衆化[23]」以前の段階にあっては、「支配者が身を修めることによって天下が治まるという説は、多くの武士には迂遠に響いた[24]」というのが歴史の実相であったといえよう。

儒者・士庶人と「天人合一」

それでは、「治国・平天下」の道を講ずる当の儒者たちの「天人合一」に対する役割とはどのようなものだったのか。儒学という学的営為の目的が「天人合一」であったとするならば、儒者こそがその役割を中心となって引き受けるべき存在であったとしても不思議ではない。だが、為政者の地位に就くことのない儒者にそのような役割が期待される社会的文脈は、ほとんど形づくられることがなかった。

例えば、池田光政の信認と庇護を得て岡山藩の藩政改革に敏腕を振るったことでも知られる熊沢蕃山は、当時の儒者一般の様子について、「日本の儒者というものは六芸《りくげい》をもしらず、たゞ文学に長じて故事をおぼゆるのみ也。……むかし尾州の亜相公、ある博学の儒者に向て、なんぢは儒者かと問《とい》給えば、ものよみ坊主にて候とこたえき[25]」と、辛辣な批判を加えている。儒者とは、単に書物を読んだり詩文章を綴ったりする能力に長け、故事来歴に通じているだけの「ものよみ坊主」にすぎない、というのである。山崎闇斎門下三傑の一人と称される佐藤直方（一六五〇～一七一九）も、世上禄仕ノ儒者、十ニ七、八ハ俗儒ナリ。故ニ国政ノ事ニハ一向用ニタヽズ。……其国ノ家老用人ヲハジメ、儒者ハ政事ノ用ニ立ツモノニ非ズト思ウユエニ、仕官ノ儒者ガアッテモ、ソレヘ政事ノ相談スルコトナシ。……書ヲ読ムコトバカリニテ、知見ハタラキハ俗人ニモヲヨバヌホドナレバ、実ニ天下ノ游民ト云《いう》モノナリ。[26]

と述べ、諸藩に仕官した儒者たちの多くを、「道」の追究に関与しない「俗儒」であり「天下ノ游民」であると切り捨てている。

ましてや一般庶民の間で、学問に基づく「天人合一」という認識が通行するようになることは、ほとんど期待できなかったといってよい。江戸思想史における朱子学批判の嚆矢の一人である山鹿素行（一六二二〜八五）が、

鳥獣ハ自《みずか》ラ飛走シテ食ヲ求メ、魚虫ハ游昆《ゆうこん》シテ其食ヲ尋《たず》ね、草木ハ土ニ根ザシヲ深カランコトヲナセリ。各《おのおの》唯《ただ》食ヲ求ムル事暇《いとま》アラズ、一年ノ間一日一時モ飛走游昆《ゆうこん》ヲ忘ルヽ事ナシ。物皆然リ。而シテ人ノ上ニ農工商又此《かく》ノ如シ……。[27]

と述べるように、農工商の庶民が鳥獣・魚虫・草木と同様、「食ヲ求ムル事」だけのために生を営む存在と見なされる限り、その庶民にとって「天人合一」とは、自分たちには全く関わりのない非現実的な観念であるにすぎなかったことであろう。

儒学を学ぶことで、庶民であっても士大夫（治者）への道が可能性として開かれていた中国とは異なり、江戸社会にあって庶民とは被治者であることが基本的に固定化された人々であった。そうした庶民が、儒学を学ぶことで「天人合一」を目指すというのは、現実の社会的条件・環境はいうに及ばず、論理的にもその有効な理由づけを見出すことの著しく困難な空論であった、というべきである。

論理と現実との不整合

以上のように、「人と天地との一体化」という儒学の教説は、論理上は江戸儒学に受容されつつも、実際上、江戸社会の現実はそれを実践し実現する状況にはなかった。では、この論理と現実との不整合を、儒者たちはどう説明しようとしたのか。この不整合を説明するための論理は、すでに朱子学の「性」論の枠組みの中に組み込まれていた。すなわち、人間の本性を「本然の性」と「気質の性」との両面からとらえ、その上で圧倒多数の人々のことを「気質」の偏向に覆われた存在とすることで、論理と現実との不整合を説明しようとするものである。

この論理は、江戸初期の主要な朱子学の担い手たちに共有されていた。林羅山の所述を例に取り上げれば、次のように説明されている。

此の気質に種種の不同ある故に聖人あり、賢人あり、智者あり、君子あり、是れは皆《みな》気の清明なるを稟《う》けたる人なり。又小人あり、悪人あり、愚者あり、これは気の濁りてあらき所を稟けたる人なり、……此《かく》の如くある故に善人は少なく、愚者は多く、君子は少く、小人は多きなり。[28]

もちろん、ここでいわれる「賢人・君子・善人」と「愚者・小人・悪人」との関係が「将軍や諸侯・家老」と「一般庶民」との関係にそのまま対応しているわけではない。しかし上述のように、将軍や諸侯・家老の地位にある者が天命によって清明な気質を賦与された存在だとするならば、一般の士庶人は相対的に昏濁した気質の持ち主ということにならざるをえないはずである。実際、佐藤直方は「凡人ハ、理ハ固有シテヲレドモ気ガワルキ故ニ、不ノ字ニナッタモノナリ」[29]と述べ、一般の士庶人は「気質」が偏向しているため、本来「理」に従えば自ずと行われるはずの「孝」や「善」に「不」の文字が付いて、「不孝」や「不善」が生ずるとの認識を示している。天理に適った行為実践を実現することができるのは、ごく少数の聖人存在に限られるのである。

朱子学はまた、圧倒多数の人々にとって「天人合一」が非現実的であることの理由を、衆庶人の「気質」とともに、衆庶人が「学問」の営みと無縁であることにも認めていた。だからこそ朱子学は、「或は勢い匹夫の賤に在りと雖も、堯・舜其の君とし、堯・舜其の民とする所以の者は、亦未だ嘗て其の分内に在らずんばあらず」[30]と、たとえ匹夫の身分にある者でも、仕える君を堯・舜のような君にまでならせ、一般の民を堯・舜の時代の民にまでならせる、というのはその分限に属することだと説き、「天子自《よ》り以て庶人に至るまで、壱是《いっし》に皆《みな》修身を以て本と為す」(『大学』経・第六節)とされる「修身」に、誰もが例外なく努めることで、天下の治世に関与することが可能だとするのである。

だがそれでも、一般庶民が学問に取り組み、「天人合一」を目指す理由がどこにあるのかは、やはり理解しづらい問題であったに違いない。大名・家老クラスの人間であれば、「万物を生み育てる天地の心を自分の心として世を治める」という含意に基づいて、「天人合一」の境地を理解することは、それなりに得心のいくことであっただろう。それに対し、一般庶民が日常生活の中で「天人合一」の意義を得心することは、至難の業であったというべきである。儒学を江戸社会に定着させていく過程には、この問題に対する説得的な回答をいかにして用意するのか、への取り組みがあったといえる。

朱子学説に基づく回答

ここで、重複を承知の上で、用意された回答をいくつかの類型に分けてみる。第一に挙げられるのは、「天地の心」と「人の心」との一体化を説くものである。これは、すでに紹介した林羅山や松永尺五らの所論にその典型を見ることができるが、春は萌え（元）、夏は茂り（亨）、秋は実り（利）、冬は蔵す（貞）という「天地」の万物を生み育てる心が、人にあっては「仁」「義」「礼」「智」の心となる、とするものである。人は誰もが「仁義礼智」という道徳の実践に努めることで、自ずと「天地との一体化」を果たしていくことができる、というのである。一般庶民の日常生活にも普く妥当する「仁義礼智」という道徳を取り上げつつ、それが「天道」に通ずる実践的価値を有することの強調は、衆庶人に対してもそれ相応の説得性を担保しうる立論であったと評することができよう。

第二の類型は、同じく「天地の心」と「人の心」との一体化を説きながら、両者を連結させる媒介として、ある象徴的な儒学概念の意義を強調するものである。闇斎学にあっては「敬」がその媒介としての役割を果たし、また上記では触れていないが、最晩年に陽明学に接する以前の中江藤樹の思想においては、「孝」にその含意が与えられていた。[31] もちろん、闇斎学の「敬」であれ藤樹学の「孝」であれ、その観念にやや難解な哲学的意味合いが込められたことは否定できない。だが、「敬」や「孝」という言葉を通して語られる道徳的含意は、一般庶民の存在をも十分に意識に含み込むものであったといえよう。

第三は、これも上記では言及していないが、「人と天地との一体化」を「天地に事《つか》うる」という解釈に基づいて再定義しようとするものである。この立場を代表するのが貝原益軒（一六三〇〜一七一四）の思想である。益軒は、「天地」こそが万物を生み育てる根源であり、その大恩に報いることが人にとっての最大の務めであることを説く。その大要は、

およそ人となれる者は、父母これをうめりといえども、其本《そのもと》をたづぬれば天地の生理をうけて生《うま》る。故に天下の人は皆《みな》天地のうみ給う子なれば、天地を以て大父母とす。……人のつとめてなすべきことわざは、わが父母につかえて力をつくすは云《いう》に及ばず、一生の間つねに天地につかえ奉りて、其《その》大恩を報じ奉らん事を思うべし。[32]

という言葉に明らかである。益軒は続けて、「天につかえて仁なると、父母につかえて孝なるとは、同じ仁孝一理なり。人たる者の必《かならず》しりて行うべき理、これより大なるはなく、又是《これ》より急なるはなし」[33]と述べ、父母に対する「孝」と、大父母たる「天地」に対する「仁」とが「一理」であることを強調する。そうして「天地に事《つか》うる」ための「仁」の内実を、「自身の振る舞い」「人倫上の振る舞い」「事物・事象への応接」「生き物への応接」という、一般庶民にも

知りやすく行いやすい務めとして説き明かす。益軒はまた、

或人《あるひと》の曰く、儒者の学は只《ただ》人道をしらば可ならん、天地の道をしるに及ぶべからずと。予答えて曰く、天地の道は人道の本なり、天地の道をしらざれば道理のよって出づる所の根本をしらず、根本をしらざれば、天理の人にそなわり、人の天地にうけたる天人合一のすじめをしらずして、人道明らかならず。[34]

と述べて、儒学においては「天地の道」が「人道」の由来をなしており、両者の連続的関係に基づく「天人合一」の理を熟知することが肝要だとする。「益軒十訓」に代表される益軒の多くの著述は、一般の士庶人を読者対象として刊行されていたが、その意味でも、「天地に事うる」ことを通して語られた「天人合一」の論理は、一般士庶人の存在をも視野に含み込んだ、まさに益軒独自の立論であったと評することができるだろう。

徂徠学と「天人合一」

以上の三者の類型は、基本的に朱子学説に則って、「天人合一」の可能性が万民に開かれていることを説く立場にあるものといえる（中江藤樹も貝原益軒も、朱子学徒としての学問経歴を有

していた）。これに対し、基本的に朱子学的な「天人合一」説を批判し、朱子学説とは異なる思想的態度によって「人」と「天地」との関係を理解しようとしたのが、江戸儒学におけるいわゆる「古学」の思想系列であった。

ただし、「古学」といっても、その全体を同一の思想として論ずることはできない。例えば、仁斎学と徂徠学とでは、その思想内容や思想構造の疎隔は決して小さくない。その意味で、仁斎学の思想的特質を鮮明にするためにも、ここでごく簡単に、「天人合一」説に向き合う荻生徂徠（一六六六〜一七二八）の所論を瞥見しておこう。

第一に、徂徠もまた、星々の運行や季節の推移に象徴されるあらゆる自然現象や山岳・河海などの大自然をその内に包み込む空間的世界のことを「天地」として論じている。徂徠のこの「天地」観は、彼の次の言葉に最も象徴的に言い表されている。

> 天の道と曰《い》い、地の道と曰う者有り。けだし日月星辰ここに繫《かか》り、風雷雲雨ここに行われ、寒暑昼夜、往来して已《や》まず。深玄や測るべからず、杳冥《ようめい》や度《はか》るべからず。……これを天道と謂う。華嶽を載せて重しとせず、河海を振《おさ》めて洩らさず。旁礴《ほうはく》にして窮むべからず、深厚にして尽くすべからず。……これを地道と謂う。[35]

だが、徂徠のこの所論においてより重要なのは、「深玄や測るべからず、杳冥《ようめい》や度《はか》るべからず」や「旁礴《ほうはく》にして窮むべからず、深厚にして尽くすべからず」という言葉に込められた認識、すなわち、「天地」とは人間にとって元来不可知だとする彼の認識である。

第二に、ただし徂徠は、「天地」を単に物理的な「自然世界」と見るだけではなく、そこに超越的包括者としての含意をも与えている。徂徠の、

万物の命を受くる所にして、百神の宗《そう》なる者なり。至尊にして比なく、能く踰《こ》えてこれを上《しの》ぐ者なし。故に古より聖帝明王、みな天に法《のっと》りて天下を治め、天道を奉じて以てその政教を行う。……みな天を敬するに帰せざる者なし。[36]

という言葉にその含意が示されている。「天」とは、至尊至上の超越者であり、先帝聖人の治世や民衆教化もその超越者たる「天」に法り「天道」を奉じて行ったことだとするのである。それゆえ聖人とは、卓絶した聡明叡智の徳を超越者たる「天」から与えられた存在と理解されることになる。

第三に、それゆえ「天地」の超越性や権威性との関係性が認められる存在は聖人に限られることになる。この関係性は、「天地」の側からすれば、「天地」が聖人に卓絶した徳を与えたこ

とを意味するが、聖人の側からすれば、この関係性はあくまでも聖人が「天地」を畏敬することによって成り立つものであった。超越的な「天地」を背後に奉戴する聖人ですら、「天地」とは「畏敬」の対象であって「知」の対象ではなかった。それは、「それ天なる者は、知るべからざる者なり。かつ聖人は天を畏る。……いまだかつて天を知ることを言わざるは、敬の至りなり」[37]という彼の言葉に凝縮されている。

徂徠は、「理」を根拠とする朱子学の「天人合一」説を、「宋儒の天はすなわち理なりと曰《い》う者も、また私智を以て天を測る者なり」[38]と切り捨てる。徂徠が「先王の道、天人を合してこれを一つにす」[39]と語る「天人合一」とは、礼楽制度の制作によって「道」をもたらした先帝の功績を、後世の聖人が讃えて「天」に合祀したことを意味するのであった。従って「天人合一」とは、論理的にも実践的にも、「天」に法り「天」を敬し「天」を祀ることの許される聖人のみが到達できる境地だとするのが、徂徠の認識であった。

この認識を、徳川封建社会の現実の中で解釈するならば、「聖人ハ天子也、天子ハ天下国家ヲ治ルワザヲ己ガ職分トナシ玉エル故ニ、聖人ノ道ト云ウハ天下国家ヲ治ムル道也」[40]と説かれるように、天子（将軍）こそが「天人合一」の実践主体として想定されているといえよう。また、徳川将軍が「天命」に従い、「天」から与えられた徳をもって治世を推し進めることが、徂徠の理解する「天人合一」の実相であるとするなら、「天命ヲウケテ天子トナリ諸侯トナレバ、民ヲ安ンズルハ、天子諸侯ノ職分也」[41]と説かれる諸侯もまた、「天人合一」の担い手に含まれると理解できよう。ともあれ、徂徠学において、一般庶民の存在は「天人合一」の実践主体から完全に切り離されていたのである。

以上、徂徠学において「天人合一」とは、①「天地」の営みは不可知である、②ただし、「天地」は聡明叡智の徳を聖人に与え、聖人も「天地」を畏れ敬った、③そうした聖人による治世を通して、その徳が「天地」の徳に伍するものとなる、という所論として組み立てられていた。この場合、聖人は「天道」(天地の営み)そのものに参与するというよりも、むしろ、「人道」(治国・安民)を尽くすことで「天道」に馴致するような徳を発揮するものと理解されている。徂徠の、「聖人の道は、人道なり。しかも天を以て則とす。天を以て則とするも、また人の道なればなり」[42]という言葉は、その意図を明示したものといえる。このような徂徠学の立論は、儒学の「天人合一」説を、徳川時代の現実の政治的・社会的支配体制を十分に見据えながら再定義しようとした、一つの特徴的な試みであったと指摘することができるだろう。

Ⅲ――仁斎学における「天地」の含意

以上、「人と天地との一体化」という儒学の核心をなす教説を、江戸儒学と江戸社会がどのように受容したのか、について江戸初期の諸動向を通して概観した。その受容態度は概ね、「一体化」を説く論理と、「一体化」が困難な現実との懸隔をいかにして埋めるか、という問題への取り組みを中心的課題とするものであった。またその取り組みは、朱子学的思惟に基づいて「一体化」が万人に妥当することを担保しようとする立場と、朱子学的思惟を否定して「一体化」の意味を改作しようとする立場とに大別することができた。

では、伊藤仁斎はこの問題にどう向き合ったのか。またその思想的態度にどのような特質を認めることができ、そこにどのような思想史上の意味を見出すことができるのか。以下の諸章での論考は、この問題の探究を目指して展開されることになる。

人倫世界としての「天地」

最初に、仁斎にとって「天地」とは何を意味したのか、について確認しておこう。結論を先に述べるなら、仁斎にとって「天地」とは、何よりも「人倫世界」のことを意味した。それを

最も象徴的に論じた仁斎の言葉が、

夫《そ》れ人倫有るときは、則ち天地立つ。人倫無きときは、則ち天地立たず。日月も亦《また》明らかならず。四時も亦《また》行われず。人倫無きときは、則ち有りと雖《いえ》ども猶《なお》無きがごとし。（童下五十）

というものである。すなわち、①人と人との道徳的関係を意味する「人倫」がこの世に成り立っている限りにおいて「天地」は存立する、②「人倫」が成り立っていない場合には「天地」は存立しない、③たとえ、日月の運行や四季の推移が行われようとも、「人倫」のない世界では、それらの運行や推移は無いも同然である、というのである。

この、人と人との道徳的関係から成る「人倫世界」をもって「天地」と理解する仁斎の認識は、彼の著書中の随所にこれを見ることができる。例えば、

蓋し天地の道は人に存す。人の道は孝弟忠信より切なるは莫《な》し。故に曰く、惟《ただ》孝弟忠信を言いて足れりと。（論古・学而四、論注）

天地の間、唯一の実理のみ。更に奇特無し。生民有ってより以来、君臣有り、父子有り、夫婦有り、昆弟《こんてい》有り、朋友有り。相親しみ相愛し、相従い相聚《あつ》まり、善き者は以て善と為《し》、悪しき者は以て悪と為《し》、是なる者は以て是と為《し》、非なる者は以て非と為《す》。万古の前も此《かく》の如く、万古の後も亦《またかく》此の如し。（童上八）

聖人専ら道徳を尊んで、心を存し性を養う、皆《みな》道徳を以て之《これ》が主と為《す》。夫《そ》れ天地に充満し、古今に貫徹し、自ずから磨滅せざるの至理有る、此れを仁義礼智の道と為《し》、又此れを仁義礼智の徳と為《す》。（字義下・学二）

などの文言はその代表例である。これらの引用文では、「孝弟忠信」、君臣・父子・夫婦・昆弟・朋友の「五倫」、さらには「仁義礼智」のことが「天地」の存立基盤であることが説かれているが、「孝弟忠信」であれ、「五倫」や「仁義礼智」であれ、いずれも「人倫世界」を構成する儒学の道徳的観念であることに違いはない。

しかし、では、仁斎はなぜ「人倫世界」をもって「天地」と理解したのか。またそれは、江戸儒学史の展開にどのような意味を与える認識だったのか。

本章では、「人倫世界」をもって「天地」と理解する仁斎学の認識構造を、朱子学の「天地」

観との対比を通して検討するとともに、その思想史的意味ないし思想的特質を吟味する。その際、朱子学の説く「天地」が、第一に、「自然世界」として万事万象の調和と充実が行われている現場であるとともに、第二に、「人倫世界」をも含めた万事万象の調和と充実の由来ないし根源でもあったことを踏まえ、この二つの側面に、仁斎がどのような思想的態度をもって対峙したのか、という問題を中心に論考を加えていく。

自然世界としての「天地」

まず第一の側面について、仁斎はどう理解していたのか。実は仁斎もまた、「天地」が「自然世界」を意味することを認めている。そしてその世界のありようは、例えば、

> 日月星辰、東に升《のぼ》り西に没し、昼夜旋転《せんてん》して、一息の停機《ていき》無し。日月相推《あいお》して明生《な》り、寒暑相推《あいお》して歳《さい》成る。天地日月、皆斯《こ》の気に乗じて行われずということ莫し。……流水の物為《た》るや、昼夜に亘って舎《お》かず、草木の生有るや、隆冬と雖も亦《また》花有り。（童中六十九）

というように描出される。ここには、天空の運行、昼夜の旋転や季節の推移、あるいはその中で営まれる諸事象の変化や生命の生成など、一定の規則に基づいて調和し充実した「自然世

界」の様子が示されている。仁斎はまた、

天の道は、直のみ。夫《そ》れ火は上にして水は下に、鳥は飛びて魚は潜り、草木は植《うわ》りて華実は時《うかが》う。……斯《こ》れ之《これ》を直道と謂う。（論古・八佾十三、大注）

と述べ、そうした「自然世界」のあらゆる営みが、ありのままの姿で立ち現れている様子を「直」と表現する。「直」こそが、「天地」のあらゆる営みの本来のありようだとするのである。少なくとも、「天地」の営みに調和や充実の所在を認めようとする仁斎の立場は、それ自体が、朱子学をも含めた儒学思想に通底する認識に立つものといってよい。

だが、仁斎がその自然認識においてとくに強調するのは、そうした調和や充実が万物の「生々化々の妙」（字義上・理二）として、いわば動態的に行われている、ということである。その動態的に理解された仁斎の自然観を端的に表現するものが、「天地は一大活物」（童中六十七）という彼の言葉である。仁斎は、

生々して已《や》まざるは、即ち天地の道なり。故に天地の道、生有って死無く、聚有って散無し。死は即ち生の終わり、散は即ち聚の尽くる、天地の道生に一なる故なり。（字義上・

天道四）

と述べ、「天地」とは「生」（活動）をもって最も根本的な属性とする世界であることを強調する。そして、その根拠を『易経』の「大なるかな乾元《けんげん》、万物資《と》りて始む。乃《すなわ》ち天を統《す》ぶ」（上経「乾」）という文言に対する注釈を通して提示する。すなわち、

乾元《けんげん》とは、即ち一元の気。万物の資《と》りて以て始まり、而して生々する所の本なり。四旁上下、渾淪《こんりん》通徹、斯《こ》の気の流通に非ざること莫《な》し。有形無形、有情無情、日夜生息し、活動して止まず。天地は之を以て覆載《ふうさい》し、日月は之を以て運行し、四時は之を以て推遷し、鬼神は之を以て屈伸す。事物に貫通し、日夜に流行す。（『易経古義』巻之一、「彖曰大哉乾元万物資始乃統天」注釈）

と、「一元の気」が万物の資始であるとともに、万物の「生々する所の本」でもあると論ずる。「天地」はもとより、「日月」も「四季」も「鬼神」も、そのありようは、すべて「気」の存在とその運動から成り立っている、というのである。

こうして、仁斎の「自然世界」への視線は、一大活物たるその世界の姿が、あるがままの

「直」なる様相を呈していることを指摘するに留め置かれている。下記に述べるように、これを一つの分岐点として、仁斎学と朱子学との「天地」観が袂を分かっていくのであるが、ともあれ、仁斎が「天地」を「自然世界」として理解し、そこに調和と充実のありようを認めたことは間違いない。

「天地」の根源に対する認識

一方、朱子学の「天地」観は、星辰・日月・四時・生命など、万事万象が調和し充実している、という「天地」の実相を論ずることに留まるものではなかった。むしろそれ以上に、朱子学がその思想上の第一義的な関心に据えたものは、万事万象の調和や充実の由来ないし根拠であった。そして、その根拠として朱子学が掲げたものは「理」であった。朱子学によれば、「天地」は「理」によって規定されている世界であった。「天地」の調和や充実も、「理」によってそうあらしめられているのであった。

しかし、「天地」を、それを成り立たせている根拠の観点から論じようとする朱子学の思想的態度に対し、仁斎は厳しい批判の視線を投ずる。すなわち仁斎は、

蓋し天地の間は一元気のみ。或《あるい》は陰と為《な》り或は陽と為り、両者只管《ひたすら》両間に盈虚《えいきょ》消長、往来

感応し、未だ嘗て止息せず。此《こ》れ即ち是《こ》れ天道の全体、自然の気機、万化此《こ》れ従《よ》りして出でて、品彙此《こ》れに由って生ず。聖人の天を論ずる所以の者、此《ここ》に至って極まる。……考亭《こうてい》以謂《おもえ》らく、陰陽は道に非ず。陰陽する所以の者是れ道と、非なり。（字義上・天道一）

と述べ、「天地」では「一元の気」が「陰」の相となったり「陽」の相となったりする往来を繰り返すのみであって、それ以上の道理も来源も存在せず、「天」に関する聖人の所論もまたこの線を超え出るものではないとする。にも拘わらず、朱子（考亭は朱子の別号）は「陰陽」に往来を認めるだけでは満足せず、「陰陽」を往来せしめている根源ないし原理を尋ねようとする謬りを犯してしまった、というのである。

仁斎は、この、「理」を根拠にして「天地」を論じようとする朱子学の姿勢を、「皆臆度《おくたく》の見にして、蛇を画いて足を添へ、頭上に頭を安《やす》んず、実に見得る者に非ず」（字義上・天道三）と、現実離れした「臆度の見」だと批判する。あるいは、「此れ想像の見のみ。夫れ天地の前、天地の始、誰れか見て誰れか之を伝うるや」（字義上・天道五）と、「天地」成立以前の視線から捏造された「想像の見」だと論難する。

仁斎にとって「天地」とは、その実際のありようが経験的・感覚的にとらえられうる限りの世界であった。「天地」の調和や充実も、その実相において、すなわち、万事万象の生々已まざる運動において、理解される以上のものではなかった。仁斎は、「凡そ物の通行する所以の者、皆之《これ》を名づけて道と曰《い》う」（字義上・天道一）と、事物の往来通行をもって「道」と理解するのであるが、その理解に従えば、「天地」とは「道」そのものが営まれている世界なのであった。

自然世界と人倫世界との分離

以上のように仁斎は、一方で、「天地」が「自然世界」を意味することを認めながら、他方で、「天地」に万事万象の根源としての意味合いを与えるような朱子学的思考様式を否定する。だが、仁斎学の「天地」観は、それに「自然世界」としての含意を与える点においても、朱子学とは全く異なる論理を有していた。

朱子学では「自然世界」であれ「人倫世界」であれ、そのありようは「理」に規定されていた。「理」を根源とすることで、「自然世界」と「人倫世界」とは連続的関係に結ばれていた。万物を生み育てる「天地の心」（元・亨・利・貞）が、そのまま道徳を行う「人の心」（仁・義・礼・智）に相当すると理解された。星辰や日月の運行、四季の推移、生命の生成などに象徴される「自然世界の調和と充実」は、そのまま「人倫世界の調和と充実」の拠り所と見なされた。自然原理と道徳原理とは同一同源なのであった。

それに対し、仁斎学は「自然世界」を「人倫世界」から切り離す。「自然世界」には「自然世界」の原理があり、「人倫世界」には「人倫世界」の原理があるが、両者の原理は全く別個だとするのが仁斎の思想的立場である。さらに、そもそも仁斎は、「道は行く所を以て言う、活字なり。理は存する所を以て言う、死字なり」(字義上・理二)と、「理」のことを「死字」と評し、一大活物である「天地」の実相を表現するのにふさわしい言葉とは理解していない。「天地」のことを論ずるには、聖人の所論がそうであったように、静態的な「理」ではなく、動態的な「道」という言葉を使用すべきだ、というのが仁斎の基本認識なのである。こうして仁斎は、

説卦《せつか》明らかに説く、天の道を立つ曰く陰と陽と、地の道を立つ曰く柔と剛と、人の道を立つ曰く仁と義と。混じて之《これ》を一にす可《べ》からず。其の陰陽を以て人の道と為《す》可《べ》からざること、猶《なお》仁義を以て天の道と為《す》可《べ》からざるがごとし。(字義上・道一)

と述べ、『易経』「説卦」の文言を典拠としながら、「天道」「地道」「人道」とでは往来通行する「道」の内実がそれぞれに異なることを指摘する。そしてその上で、「天道」と「人道」とを連続させる朱子学説を否定する。「天人一道と謂うときは、則ち可。道の字の来歴根原と為《す》

るときは、則ち不可」(字義上・道一)との言葉に示されるように、仁斎は、「天道」(自然世界)も「人道」(人倫世界)も事物が往来通行することにおいては同一(天人一道)であるものの、「天道」たる陰陽の往来通行が、「人道」の来歴・根源をなしているのではないことを再三強調するのである。

自然世界に対する態度

こうして仁斎は、「天地」としての含意を有する「自然世界」と「人倫世界」とを分離した。しかも本章の冒頭で紹介したように、仁斎にとって「天地」の眼目をなすものは何よりも「人倫世界」であった。では、仁斎はそこに「天地」としての含意を与えた「自然世界」に、どのような思想的態度で向き合おうとしたのか。

第一に、仁斎にとって「自然世界」としての「天地」とは、少なくとも「知」の対象ではなかった。「天地」が何を根拠として成り立ち、またいかなる機序《メカニズム》に基づいて運行しているのかは、人の知りえない領分に属する事柄なのであった。それについて仁斎は、

宇宙の窮際《きゆうさい》得て之《これ》を知る可《べ》からず。古今の始終亦《また》得て之を知る可からず。……凡そ知って益有る者は之を求むること可《か》なり。知って益無き者は君子之《これ》を知ることを求めず。孔子曰

く、君子は其の知らざる所に於て、蓋し欠如たり、と。（大定五、章注）

と述べ、「天地宇宙」の時間的・空間的境域とは、元来人間にとって不可知なものであり、それゆえ、そうした不可知なものに知的関心を寄せることは、君子の務めから外れた無益なことにすぎないと断ずる。「天地」とはその一大活物としての営みを、その「直」なる営みのままに受けとめ受け入れる対象なのであり、その由来や範囲については「存して之《これ》を議せざるを妙と為《す》」（字義・天道五）というのが仁斎の思想的態度なのであった。

第二に、しかし仁斎は、「天地」の生々化々たる営みを、それを通して「聖人の心」や「聖人の功績」の含意を理解するための視座とすることを容認した。仁斎のこの認識を物語る言葉には枚挙に暇がないが、その代表例を挙げるならば次の通りである。

蓋し聖人の心は、即ち天地の心、猶《なお》日月の遍く万国を照らして、私照無きがごとし。（論古・八佾五、大注）

夫れ聖人の道は天地の常経、人心の固有すること猶《なお》日月星辰の天に繋りて万古墜ちざるがごとし。智有る者は皆之《みなこれ》を知り、志有る者は皆之を能《よ》くす。（論古・子張二十一、論注）

もちろん、これらの所論は、朱子学のように「天地の心」と「聖人の心」とが同一原理から成り立っていることを説くものではない。そうではなく、「自然世界」の調和と充実を主宰する「天地」の働きとの比定において、「人倫世界」に調和と充実を与えた「聖人」の偉大な功績を認めているのである。仁斎学において「天地」と「聖人」とは、同一同源の関係にあるのではなく、あくまでも比定の関係に据えられている。どちらも至高至大でありながら、「天地」はあくまで「天地」、「聖人」はあくまで「聖人」として、パラレルな関係において理解されているのである。

なお、「天地」を「聖人」に比定させるという仁斎学の思想的態度は、「聖人」の背後に「天地」を据え、「聖人」の権威の根拠を「天地」に見出そうとした徂徠学とも異なるものであった。従って仁斎学には、徂徠学のように、「天地」のことを「敬する」ないし「祀る」対象とする認識は稀薄であった。

第三に、こうして仁斎は、「自然世界」の問題は人の実践的世界の後景に留め置き、人はあくまでも「人倫日用の道」を専ら務め行うべきだとした。もちろん、人もまた「自然世界」の住人として、その影響から完全に免れることはありえない。予期せぬ災害や罹病が不意に襲いかかってくることも避けられない。しかし、「蓋し天とは、専ら自然に出でて、人力の能く為《よ》《す》

る所に非ず」（字義上・天命二）と語る仁斎からすれば、「天」が人々に与える運命とは、人の力で操作したり改変したりすることのできるものではなかった。人の実践活動は、あくまでも「人力の能く為る所」に向けられるべきなのであった。こうした仁斎の思想的態度を象徴的に言い表している文言に、

天に必然の理有り。人に自取の道有り。……易に曰く、積善の家には必ず余慶有り、積不善の家には必ず余殃有り。是れ天に必然の理有るを謂うなり。……書に曰く、天の作《な》せる孽《わざわい》は猶《なお》違《さ》る可し、自から作《な》せる孽《わざわい》は逭《のが》る可《べ》からず。是れ人に自取の道有るを謂うなり。

（論古・述而二十二、論注）

というものがある。「天」が人々に降す禍福は「必然の理」として、そこに人為的努力を傾注する術がなく、その原因を自らに帰すこともできないが、人が自ら選び取った「自取の道」は、その結果に禍福の違いが生じたとしても、それはまさしく自らがその責任を引き受けるべきことである、というのである。

「自取の道」と「天地」

では、仁斎にとって、人の「自取の道」とは、第一義的には何を意味したのか。それを最も直截的に示したものが次の言葉である。

人倫の外《ほか》道無く、仁義の外《ほか》学無し。人の当に力を務むべき所の者は、人倫のみ。人の当に力を竭《つく》すべき所の者は、仁義のみ。夫れ天上《かみ》に運り、地下《しも》に載せ、日月代る明らかに、四時錯に行わる。人力《ちから》を其の間に為すこと能《あた》わず。君に在っては惟《ただ》当に君の道を尽くすべし、臣に在っては惟《ただ》当に臣の道を尽くすべし、父に在っては惟《ただ》当に父の道を尽くすべし、子に在っては惟《ただ》当に子の道を尽くすべし。人人己《おのれ》の道を尽くして、天下平《たいら》かなり。（字義下附・邪説）

こうして仁斎は、人の「自取の道」を「人倫」と「仁義」とに集約させる。確かに、人は日月や四季の運行に象徴される「自然世界」にも生きている。だが、そうした「自然世界」の調和や充実を、人が引き受けることはできない。人が引き受けることのできる調和・充実は、まさに「人倫」と「仁義」にのみ所在するというのである。

また、仁斎はこの認識をさらに前進させて、人が仁義を尽くすならば、それが天道に向き合う上での最も相応しい実践的態度となる、との示唆を与えようともしている。仁斎は、『論語』の「夫子の性と天道とを言うは、得て聞く可からざるなり」（公冶長第五・第十二章）との文言に、次のような注釈を与えている。

蓋し道は仁義より貴きは莫《な》く、而して性と天道より微なるは莫し。……苟も仁に居り義に由るときは、則ち固《まこと》に大人為《た》るを得て、性と天道の理も又以て馴致《じゅんち》す可し。若し仁義に由らずして、遽《にわか》に性道の妙を領会せんと欲するときは、則ち性道の理未だ必ずしも得可《べ》からずして、其の実徳先ず病《や》めり。（論古・公冶長十二、大注）

つまり、実徳たる仁義が行われるのなら、自ずと人間本性や天道の根本原理に馴致することになり、逆に、仁義を離れて性や天道への関心を先立てるならば、それらの根本原理が把握できないのはもとより、人としての実徳も行われなくなる、というのである。

こうして、「天地」に向き合う仁斎学の基本的態度は、これを、①「自然世界」には「必然の理」が確かに存在し、その影響は人の日常生活にも及ぶ、②しかし、人には「必然の理」を知ることも実践することもできない、③それゆえ、人が力を尽くすべきは「自取の道」以外にない、④そうして「自取の道」を尽くすことができれば、それが「自然世界」の「必然の理」

に向き合うに最も相応しい実践的態度となる（「必然の理」に適うか否かは、「自取の道」を尽くすか否かでしか判断できない）、というように整理することができる。

仁斎は、「自然世界」であれ「人倫世界」であれ、「天地」とは人や物が「往来通行」する世界であると理解し、その意味で、両者に共通する性質を認めていた。しかし、「天地」に関して、仁斎の学問上の視座からはっきりととらえられていたものは、専ら「人倫世界」の方であった。それは、仁斎の「道」に関する認識、すなわち「凡そ聖人の所謂《いわゆる》道とは、皆人道を以て之《これ》を言う」（字義上・道一）と語られる彼の認識にも明示されている。仁斎にとって「道」とは、あくまでも「人道」なのであり、その意味において、仁斎の学問的関心の射程から、「天道」に関わる問題は切り離されていた。「自然世界」としての「天地」は、人の手の届かない所に自ずと存在するものであり、それゆえ、人は自らの手の及ぶ世界をもって自らの実践世界とするしかなかった。こうして仁斎は、「人倫」と「仁義」の問題を学の根本的課題に据えることで、「天地」をそのまま「人倫世界」と読み替える思想方略を組み立てたのである。

Ⅳ——仁斎学における「人倫世界」

仁斎学において「天地」とは、何よりも「人倫世界」のことを意味した。自身の思想的関心を「人倫」と「仁義」の問題に集約させた仁斎にとって、その問題への取り組みを行為実践として展開する舞台は「自然世界」には所在せず、専ら「人倫世界」にのみ求められたからである。それゆえ、仁斎の論ずる「人倫世界」の意味を理解するためには、彼の思想内部においてこの「人倫」と「仁義」とがいかなる関係において結ばれているのか、を明らかにする必要がある。仁斎の「天地」観を、思想のより深層において理解するために、本章ではこの問題に吟味を加えることにする。

「人倫」「仁義」「道」

仁斎学における「人倫」と「仁義」との関係を考察する上で、必須の要件をなす問題は、仁斎学における「道」の含意を明らかにすることだといえる。なぜなら、仁斎は一方で、

道とは何ぞ、仁義是《これ》なり。(童上十五)

と説き、他方で、

道とは何ぞ。父子に在っては之《これ》を親と謂い、君臣には之《これ》を義と謂い、夫婦には之《これ》を別と謂い、昆弟《こんてい》には之《これ》を序と謂い、朋友には之《これ》を信と謂う。天下古今の同じく然る所なり。（童上十四）

と論ずることで、「仁義」および「人倫」（父子・君臣・夫婦・昆弟・朋友の「五倫」）をもって「道」の内実とする認識を示しているからである。だが、「道」が一方で「仁義」を意味し、他方で「人倫」を意味するとはどういうことなのか。

結論からいえば、仁斎の理解する「道」には、「通路」としての含意と「通行物」としての含意との二重の意味が込められていた。それを象徴する言葉が、

道は猶《なお》路のごとし。人の往来通行する所以なり。故に凡そ物の通行する所以の者、皆之《これ》を名づけて道と曰《い》う。（字義上・天道一）

である。ここで説かれている「路のごとし」とは、まさに「道」が「通路」としての含意を有することを示すもので、それは父子・君臣・夫婦・昆弟・朋友の人倫間に張り巡らされた「通路」として理解される。しかも、その通路の存在は「此れに由るときは則ち行くことを得、此れに由らざるときは則ち行くことを得ず」（字義上・道一）との所論のように、人にとって必然的な意味をもっている。

他方、「物の通行する所以の者」とは、「道」には「通行する物」が存在することをいうもので、「仁義相《あい》行わる、之を人道と謂う」（同前）と説かれるように、「仁義」がその通行物に該当する。もちろん「通路」を通行する存在とは、何よりも人であるはずだが、人がその通路を行き交うには、必ず「仁義」という徳をいわば通行手形として所持していなければならない、というのがこの所論の趣旨なのであった。

仁斎の認識に従えば、人が人であるためには、自分以外の人とのつながりを常に確保していることと、そのつながりの関係を「仁義」の徳でとり結ぶことが、不可欠の要件であった。逆にいえば、人は、自分以外の人間との関係をすべて失ってしまったり、その関係における「仁義」を廃してしまったりするならば、もはや人たりえないのであった。彼にとって、『中庸』の説く「道なる者は、須臾《しゅゆ》も離る可《べ》からず、離る可きは道に非ざるなり」（第一章）とは、このことを意味するのであった。

「道」の必然性とその阻害要因

では仁斎は、人にとって「道」が必然的ないし普遍的だとする認識の根拠を一体何に見出したのか。窮極的には、その根拠は「自然（自ずから）」に求められることになる。人々が存在する限り、そこには自ずから「道」が生ずるのであって、「道」は何らかの「教え」によって創られたものでも、人為的な操作によって存立するものでもない。そのような仁斎の主張は、次の言葉に最も鮮明に描き出されている。

道とは、人倫日用当《まさ》に行くべきの路。教《おしえ》を待って後有るに非ず。亦《また》矯揉して能《よ》く然るに非ず。皆《みな》自然にして然り。四方八隅遐陬《かそう》の陋蛮貊《ろうばんぱく》の蠢《しゅん》たるに至るまで、自《おの》ずから君臣父子夫婦昆弟朋友の倫有らずということ莫《な》く、亦《また》親義別叙信の道有らずということ莫し。万世の上も此《かく》の若《ごと》く、万世の下も亦此《またかく》の若《ごと》し。（字義上・道二）

しかしながら、「道」の存立根拠が「自然（自ずから）」にあるということは、必ずしも現実世界にて「道」が常態的に行われていることを意味するわけではない。現実世界には、「道」の実現を阻害する様々な要因が存在するからである。その要因を大別するなら、一つには、「道」の意味を難解で高度に抽象的な形而上学的議論に基づいて理解しようとする傾向に、もう一つには、「道」の実現を「性」や「心」といった人々の内在的能力に委ねてしまおうとする傾向に、それを見出すことができる。「夫子の性と天道とを言うは、得て聞く可《べ》からざるなり」（『論語』公治長第五・第十二章）という文言のように、孔子は「性」と「天道」について語ることがなかったと伝えられるが、この孔子の態度に背反するものが「道」の定立の阻害要因となる、というのが仁斎の認識なのであった。

まず、「道」を人々の現実の日常的世界を超え出た、高度に抽象的な形而上学的世界に求めようとするものは、仏教や老荘思想、そして朱子学を中心とする宋学がこれに相当すると理解された。その理解は仁斎の、

> 禅荘の理、宋儒理性の学の若《ごと》きは、其の理隠微《いんび》にして知り難く、其の道高妙《こうみょう》にして行い難く、人事に遠く、風俗に戻《もと》る。之を人倫日用に推すに、皆《みな》用ゆる所無し。（童上二十七）

という言葉に端的に示されている。仁斎によれば、仏教は「道」を「空」として「山川大地尽《ことごと》く是れ幻妄」（字義上・道五）と説き、老荘思想は「道」を「虚」として「万物皆《みな》無に生ず」（同前）と説く。そうして、ただ智を用いて学問を廃し、山林に隠れ住み、黙座澄心して一種の悟りを開くことを目指そうとする。だが、仁斎の立場からすれば、「天地」の実相とは、親

子が相親しみ、夫婦が相愛し、朋友が相信ずるなどの人倫関係に満たされており、それを「空虚」だとすることは、断じて認められるものではなかった。また、朱子学が「道」の根拠を形而上学的原理としての「理」に求めることで、「臆度の見」や「想像の見」に陥っているとの批判については、前章にて指摘した通りである。

さらに、朱子学は「性即理」という命題に基づいて、「道」の根拠を「性」や「心」といった人の内在的能力に求めようともした。この朱子学説が、仁斎による批判の先鋒に晒されたことはいうまでもない。仁斎学における「道」と「性」や「心」との関係についての考察は後章に譲ることにするが、朱子学の論ずる「性」や「心」は、「道」や「徳」の根拠ではありえないとする仁斎の批判的見解は、例えば、

> 仁義礼智の四者は、皆《みな》道徳の名にして、性の名に非ず。道徳とは、偏《あまね》く天下に達するを以て言う。一人の有する所に非ず。性とは、専ら己《おのれ》に有するを以て言う。天下の該《か》ぬる所に非ず。此《こ》れ性と道徳との弁なり。(字義上・仁義礼智三)
>
> 聖人は徳を言うて、心を言わず。後儒《こうじゅ》は心を言うて、徳を言わず。蓋し徳とは、天下の至美、万善の総括、故に聖人学者をして由って之を行わ使《し》む。心の若《ごと》きは本《もと》清濁相雑《まじ》わる、

但《ただ》仁礼を以て之を存するに在るのみ。（字義上・徳四）

などの所論に凝縮されている。「性」については、それが個人に属することで普遍的な「道」とは根本的な属性を異にし、「心」については、そこに善悪が混在することで万善の総括である「徳」とは価値的な根源性を異にすること、が強調されている。

「道」の普遍性とその開示

こうして仁斎は、「道」の含意を「人倫」という通路を「仁義」という徳が行き交うことと理解した。そして「天地」の本義とは、この意味での「道」が営まれている世界とした。「道」とは、その存立の根拠が「自然（自ずから）」に求められることで、人々にとって必然的かつ普遍的なものである。だが、それにも拘わらず、現実世界には「道」の実現を阻害する諸要因が遍在するのであった。

では、人の世に「道」が行われるようになるのは、何を契機とすることなのか。「道」の実現を阻害する諸要因を、世の中から取り除くには何が必要なのか。仁斎は、その契機の重要な所在を「古」の聖人の事績に探り、これを「堯舜の事業、孔孟の学術」（童下三十一）と呼んだ。以下で簡単に、聖人の事績と「道」の開示との関わりを眺めておこう。

仁斎は、いわゆる唐虞三代以前の世は「天理」に適う理想的状態にあったとする朱子学の認識を否定し、人類は上古の昔より「邪説暴行」が横行する社会を経験していたと考えた。[1]この「邪説暴行」とは、例えば老荘思想の「天下無為」のように、広大・高遠な形而上学を構想しそこから人の生き方や社会のあり方を説くもので、仁斎には「大凡《おおよ》そ人倫に害あり、日用に遠ざかり、天下国家の治に益無き者」（字義附・邪説）と見なされるものであった。そして、この「邪説暴行」を斥けて、世の中に「道」を実現させたのが、他ならぬ堯・舜なのであった。それについて仁斎は、

堯舜の君位《くらい》に在るときは、則ち天下一家、道徳一《いっ》にして風俗同じく、君君たり臣臣たり、父父たり子子たり、夫夫たり婦婦たり、兄兄たり弟弟たり、忠信和睦の風隆《さかん》に、詭行《きこう》異論の徒熄《や》む。蕩《とう》々平《へい》々、偏無く党無く、家自《おの》ずから斉《おさ》まり、国自《おの》ずから治まって、天下自《おの》ずから平《たいら》かなり。（字義附・邪説）

と述べている。堯・舜が帝位にあったときに、天下は一家のようになり、道徳が統一されて人倫上の調和が実現され、「邪説暴行」が姿を消すに至った、というのである。

ここで注意すべきは、堯・舜の治世において、家が整ったり、国が治まったり、天下が平ら

かになったりしたのは、「自ずから」そうなった、ということである。つまり、堯・舜は意識的に何かに努めたというのではなく、ただ天子の位にあるだけで「自ずから」天下が太平の世になった、というのである。「蓋し唐虞《とうぐ》の時、教法未だ詳《つまび》らかならず。其の行う所仁義に非ずということ莫《の》うして、未だ仁義の目《もく》有らず」（童中三）と指摘されるように、堯・舜の時代には、何らかの「教法」が立てられることも、「仁義」が言葉で表現されることもなかった。「道」の実現は、専ら堯・舜の卓絶した徳に委ねられていた。それゆえ、堯・舜が没してしまうと、またしても世の中は、「邪説暴行」が蔓延する社会へと逆戻りしてしまったのである。

孔子が世に現れたのは、まさにそうした時代においてであった。仁斎は、

> 赫《かく》々たる皇天、篤く孔子を生ず。古今を旁観《ぼうかん》し、群聖を歴選す。其の当に祖述《そじゅつ》すべきを祖述し、其の当に憲章《けんしょう》すべきを憲章す。……而る後天下万世君臣父子夫婦兄弟朋友の倫明らかにして、迷惑する所無し。（字義附・邪説）

と述べ、まさに孔子こそが堯・舜没後の「邪説暴行」を放逐し、「道」の復興を果たしたのだと断ずる。前述のように、堯・舜は、その「生知」をもって自ずから「道」を実現したが、逆にいえば、堯・舜は、何が「道」であるのかを意識したり、それを言葉で表現したりすること

はなかった。それに対し、孔子は「堯・舜の道」に顕現した「天地自然の道理」（童下五十三）を意識的に取り出し、それを言葉で言い表したのであった。この「道の言葉化」に関する孔子の功績を、仁斎は、

　夫子以前、教法略《ほゞ》備わると雖も、然れども学問未だ開けず、道徳未だ明らかならず。直に夫子に至って、然して後道徳学問、初めて発揮し得尽くす。其れ学者をして専ら仁義に由って行うことを知らしむ。（論古・総論、綱領）

と強調する。要するに、人類は孔子において初めて「道」の意義を自覚し、孔子において初めて「道」が「教え」として人々に呈示された、というのが「孔子立教」に関わる仁斎の認識なのである。こうして孔子により、「仁義」を基軸とする「人倫日用の道」が「教え」として立てられることで、「夫人《ひとびと》仁義を善《よみ》し、忠孝を崇《とうと》み、君臣父子夫婦昆弟朋友の倫を失わざる」（童下五十）ような状況が人の世にもたらされた。孔子のことが、「最上至極宇宙第一の聖人」（同前）と称される理由がここにある。

　だが「邪説暴行」は根深く、孟子（前三七二〜前二八九）の時代になると「孔子既に没し、異端の説復《ま》た興」（字義下・書三）るに至った。孟子の思想活動について、仁斎は次のように語

っている。

孔子の時、道の天下に在ること、猶《なお》日の天に中するがごとし。明者を待たずして之《これ》を知れり。……孟子の時に至っては、則ち聖遠く道湮《しず》み、人々其の道とする所を道として、道即ち仁義なることを知らず。故に孟子之《これ》を掲示す。……又《また》性善の説を発するは、蓋し自暴自棄する者の為《ため》に之《これ》を発するなり。（孟古・総論、綱領）

すなわち、孔子の時代には、太陽が天空の中央にあるように「道」が天下に顕在しており、賢明な者でなくとも「道」が何であるかを知りえていた。ところが、孟子の頃になると、聖人の時代から遠く隔たり、「道」が人々の目に見えなくなってしまった。そのときに孟子が問題としたのは、人々が「道」を自分勝手に解釈してしまうことと、人々が自らの「道」を行う能力に絶望し自暴自棄に陥ってしまうことであった。このうち、「道」の解釈については、孟子は「明らかに仁義の両者を掲示して、諸《これ》を後世に詔《つ》」（論古・総論、綱領）げた。自暴自棄者の問題については、「掫《はじ》めて性善の説を倡えて、万世道学の宗旨と為《し》」（同上）た。すなわち、人が「道」を行うことが可能なのは、人間の「性」が善だからということを説き明かし、それを儒学の中心的教説としたのである。

仁斎の「孟子の学は、孔門の太宗嫡派なり」（孟古・総論、綱領）という言葉は、儒学史に占める孟子の重大な思想的役割を明確に定位したものである。孔子教説の真義の理解には、それを正しく継承した孟子の思想へのアプローチが欠かせないのであった。

「孔孟の意味血脈」と仁斎学の「天地」観

こうして仁斎の認識に従えば、「道」は堯・舜の治績を通して自ずと人の世に実現されたが、それは孔子によって「教え」として言葉化され、さらに孟子によって「道」を実践する根拠が人間の「性」に求められることが説かれた。ただし、「道」を後世に伝える上で、より顕著な役割を果たしたのが「堯舜の事業」を言葉化し敷衍した「孔孟の学術」であることは疑いない。孔子から孟子へと貫かれた思想の系譜と、その系譜に基づいて表現された具体的な思想のことを、仁斎は「孔孟の意味血脈」（字義・識語）と呼んでいる。

仁斎の「道」理解は、一方で、『論語』『孟子』を規準に据えた緻密な文献批判から得られた実証的知見に基づくものであり、他方で、「知り易く行い易く平正親切なる者」（童上五）の中に「道」の本義を読み取ろうとする一町人としての現実的かつ具体的な思想的態度と照応するものであった。このような仁斎学の基本的な思想構成が、「道」の本義を「人倫」と「仁義」に由る「人道」とし、その「人道」が営まれている世界を「天地」とする仁斎学の「天地」観の由来をなしている。

繰り返しになるが、仁斎にとって、「天地」とは「人と人との道徳的なつながり」によって形成される「人倫世界」のことを意味した。この世界が形成されるのは、そもそも「天地自然の道理」（童下五十三）に基づくことであった。それにも拘わらず、人の世の現実は、「人倫世界」の調和と充実が容易に実現されない。これは、人は絶えず「天地自然の道理」と「邪説暴行」との鬩ぎ合いの中に存在するが、ともすれば後者をもって自らの行動原理としてしまう傾向にあることを示唆している。実際、仁斎も「常を厭《いと》いて奇を悦ぶは人の通病なり。故に智者は必ず人の知り難き所を知ることを求めて、賢者は人の行い難き所を行うことを好む」（中発上十一、小注）と、「人の通病」の問題性を指摘している。

人々の意識の内に忍び寄るこうした通病にも拘わらず、仁斎は、

邪説を遏《とど》むるの術は、吾が道徳を脩むる、上策と為《せ》り。倫理を以て之を攻《おさ》むる、中策と為《せ》り。理の有無寂感を弁ずる、下策と為《な》す。……其の上策を得る者は、孔孟以後、未だ之《これ》或いは聞かず。（字義附・邪説）

と述べて、孔孟以後は、仁斎の時代に至るまで「邪説暴行」の発生と流入を防ぐための上策は

講ぜられていない、と認識していた。だからこそ、仁斎は、彼の時代にあっても、「天地」を「天地」として定立させるためには、「孔孟の意味血脈」に従って「吾が道徳を脩むる」ことが不可欠の要件だと考えたのであった。仁斎が、

教《おしえ》を立て範を垂れ……万世君臣父子夫婦朋友昆弟をして、各《おのおの》其の所を得て、禽獣為《たら》ざらしむる者は、皆聖人の功なり。天地有りと雖も、然れども聖人を得て之れが教育を為《な》すに非ざるときは、則ち天地も亦《また》天地為《た》ること能《あた》わず。（童下九）

と高唱するように、人類の歴史を通して「人倫」を有らしめ、「天地」を定立せしめる上で、最大の功績を果たしたのは孔孟の「教え」なのであり、仁斎にとってその「教え」とは、時代の隔たりや社会の異なりを超えて普遍的に通行する意義を有するものなのであった。「君君たり臣臣たり、父父たり子子たり、夫夫たり婦婦たり、兄兄たり弟弟たり」（字義附・邪説）というように、各人が人倫関係において「其の所を得る」ことによって実現される世界こそが、仁斎学における「天地」なのであった。

V――仁斎学における「天人合一」の実践主体

「人と天地との一体化」を通して「天下泰平」を実現させようとする、儒学の最も根本的な思想の枠組みは、「一体化」の実践主体をどう考え、どう育成するか、という問題に対する何らかの回答を儒学自体の思想内部に要請した。すでに紹介したように、江戸儒学史においては、その回答として両極に措定されうるものが朱子学と徂徠学であった。

朱子学は、「天地の理」と同一同源の「理」が「本然の性」として万人に賦与されているとの立論に基づき、論理的には、万人が「本然の性」に復帰することで「天地との一体化」を果たしうると説いた。徂徠学は、天子から衆庶人に至るまで、それぞれが応分の務めを尽くすことが「安天下」の条件だとしつつも、「天地との一体化」を果たしうるのは、「天」から聡明叡智の徳を与えられた聖人のみとした。

だが、徂徠学の所論では、これに従って一般庶民が儒学を学ぶ必要性を意識するような社会的文脈がつくられる可能性は稀薄だといわざるをえない。一方、朱子学の所論についても、一般庶民が「本然の性」への復帰という高度に抽象的な議論に基づいて、自覚的に儒学を学ぶような社会状況が形成されていくとは、簡単には認められない。少なくとも、両極に位置する二つの儒学説では、儒学は一部の限られた人間にのみ、その学びの必然性や有用性を理解させる意味をもつにすぎなかったのである。

町人儒者として、儒学に自らの生の最も確かな拠り所を見出した仁斎にとって、儒学が一部の限られた人間にのみ学ばれうる学問であるという主張や状況は、到底容認できるものではなかったに違いない。仁斎が、「学とは、天下の公学」(童中四十八)と論ずるとき、この所論には、儒学とは天下万民に開かれた学問であらねばならないとの意図が込められていたはずである。では、仁斎は、儒学思想の核心をなす「人と天地との一体化」に、どのような立論を通して応答しようとしたのか。また、その一体化の担い手をいかなる人的拡がりにおいて理解しようとしたのか。

『中庸』の「天人合一」説と仁斎学

ここでまず、検討を加えておくべきは、「天人合一」の論理を最も明瞭に示した『中庸』本文に対して仁斎がどのような解釈を与えていたか、という問題である。ただし、仁斎の『中庸』理解について注意を要するのは、仁斎はこの書を上下二篇に分けた上で、上篇(朱子『中庸章句』第十五章までに相当)を『論語』『孟子』に列せられる『中庸』の本書とし、下篇には漢代の様々なテキストの混入があるとした点である。[2]『中庸』の中で、「天人合一」について述べられた文言は、多くが仁斎の分類でいう下篇に載せられており、その意味で、仁斎は必ずしも『中庸』に描出された「天人合一」説に全面的な信頼を寄せていたわけではなかった。そして何よりも、朱子『中庸章句』の注釈に対しては、それとは趣旨を異にする仁斎独自の解釈を示そうとした。

例えば、『中庸』本文が「天道」と「人道」との関係を論じた「誠は天の道なり。之を誠にするは人の道なり」（第二十章）との文言についてである。この文言に対する朱子注釈の趣旨は、①「誠」とは、「真実無妄」であり「天理の本然」である、②聖人はその存在が「真実無妄」であり、その行為は「天道」そのものである、③「人道」とは、聖人の域に達していない人間が「真実無妄」を求めることを意味する、というものであった。「誠」とは「天理の本然」を指し、「天理」に則ることで「天道」と「人道」が結ばれる、ということに力点が置かれていた。これに対し、仁斎の注釈では、

誠とは、聖人の行、真実無偽、自《みずか》ら力を用いざること、猶《なお》天道の自然に流行するがごときを謂う。故に曰く、天の道なり。之を誠にすとは、未だ真実無偽なること能わずと雖も、而して真実無偽に至るを求むるの謂《いい》。人道の立つ所以なり。故に曰く、人の道なり。（中発下十八の四、小注）

と述べられ、①「誠」とは、聖人の行為が、「天道」の自然なありようのように「真実無偽」であることをいう、②「人道」とは、聖人の境地に達していない人間が、「真実無偽」に到達することを求めることをいう、との理解が示されている。

仁斎は、「誠」という言葉を「天道」には使用せず、聖人の所為が合自然的なものであることを形容する言葉としつつ、その上で「人道」の含意を、人々が「誠」（その所為が合自然的であること）を目的とし、その実践に努めることとしている。「誠」を「真実無偽」とすることで、朱子学の「真実無妄」という言葉に内包された「天理の本然」という意味合いを排除し、しかも、「誠」という言葉を聖人の営みとそれを目指す人々の営みとすることで、「誠」とは「人倫世界」の営みを言い表す観念だとする認識を示している。この解釈は、仁斎が、「之を誠にする」という人々の行為実践を、一つには聖人の事績を指標とするものであり、もう一つには人々が生を営む実社会を舞台とするものである（「天道」が舞台ではない）、と理解したことを物語っている。

また、『中庸』が「天人合一」の実践主体のことを論じた「唯天下の至誠にして、能く其の性を尽くすと為す」（第二十二章）との所述に対しても、仁斎は、天下の至誠は、誠明兼ね至り、行い其の極みに造《いた》る。聖人の事なり。……聖人上に在るときは、則ち裁成輔相《さいせいほしょう》、以て民を左右すること、猶《なお》大化の洪鈞《こうきん》（「天」のこと）を転じて人物の生、各《おのおの》其の性を遂げざること莫《な》きがごとし。……能く人の性を尽くす自《よ》り以下、教《おしえ》の功の至る所に就て言う。（中発下二十、小注）

と注釈し、「天下の至誠」のことを、朱子のように、己の性を尽くし物の性を尽くすことで「天地の化育」を賛助しうるような存在としてではなく、「教え」を示すことで人々が「性」を尽くすことができるように助け導くような存在として描き出している。前章にて言及した孔子「立教」のことを意識して、この条を解釈するのである。

他方、聖人以外の存在が「天地」との一体化を目指す「其の次は曲を致す」（第二十三章）という文言に対する注釈は次の通りである。

曲を致すとは、其の善を推致して至らざる所無きを謂う。……賢者已下《いか》、其の善を拡充して、至らざる所無きときは、則ち亦能《よ》く至誠の妙有り。……其の成るに及んでや、天地と参なる者と、自《おの》ずから其の功を同じうす。（中発下二十一、小注）

この注釈では、聖人の域に達していない人であっても、その善を拡充することで聖人と功を同じくすることができる旨が述べられている。ここにも、後述する「拡充」説に引き寄せて学問の功を論じようとする、仁斎学の特質をなす主張を認めることができる。

さらに、これとの関連で、「生知・安行」「学知・利行」「困知・勉行」という、「知・行」に対する人々の素質の違いを述べた、「或いは生まれながらにして之を知る。或いは学んで之を知る。或いは困《くる》しみて之を知る」（第二十章）との所述に対しても、仁斎は、

道の窮まり無きは、猶《なお》四旁上下の際無きがごとし。故に聖人は聖人の脩有り。賢者は賢者の脩有り。学者は学者の脩有り。夫子の聖にして、自《みずか》ら学んで厭《いと》わずと謂う者は、此《これ》を以ての故なり。其の聖人を以て生知安行と為《す》る者は、蓋し学者自《よ》りして之を言うなり。（中発下十八の二、大注）

との解釈を施し、賢者・学者はもとより聖人もまた学問を修める必要のあることを強調することで、儒学説にいわれる「生知」とは、生まれながらにして万事万物を知る存在ではなく、孔子がそうであったように「学んで厭《いと》わず」（『論語』述而第七・第二章）と評されるような存在だと説くのである。

以上、『中庸』に示される「天人合一」説に対する仁斎の解釈の要点を整理するならば、次の諸点を挙げることができる。第一に、「天地の化育を賛《たす》け、天地と参《さん》なる」との文言は、聖人の所為が万物を生み育てる自然の営みに比定されることを説くものであって、「天理の本然」に基づいて天地と聖人とが一体化することを説くものではなかった。第二に、その聖人の所為とは、あくまでも各人がその「性」を尽くす文脈を切り開くために行われたことであって、万人・万物の「理」を把握することを意味するものではなかった。第三に、聖人以外の存在が「天人合一」を目指す行為実践とは、聖人の立てた教えに倣いこれに準拠しながら各人が「学」を修めることを求めるもので、各人に内在する個別の「善」を積み重ねることではなかった。

仁斎のこの解釈において重要なのは、「天地」の営みにも比定される聖人の所為とは、各人がその「性」を尽くしたり、「学」を修めたりすることを喚起するためのものであり、それは何よりも「人倫世界」に「道」を実現することを目指すものであった、ということである。「聖人の徳、至誠無妄、故に人倫の道に於て、各《おのおの》其の極みを尽くして以て天下万世の法と為《な》す可《べ》し」（中発下二十六の四、小注）との所論からは、人は誰もが、聖人によって立てられた「天下万世の法」に学ぶことで、「天地」という名の「人倫世界」の担い手たりうる、と仁斎が認識していたことが強く示唆されるのである。

仁斎学の「性」論

「天人合一」の実践主体としての役割が、広く万民に開かれているとするためには、そもそも人という存在に「天地との一体化」を引き受けるような能力が具わっているのか否かを、吟味する必要があるはずである。「性善」「性悪」をめぐる儒学の「性」論は、この問題の吟味に対し、重要な手掛かりを与える意味をもっている。では、仁斎はその「性」論を通して、万人の「天人合一」への可能性をどう描き出そうとしたのか。以下、この関心から、仁斎の「性」論の要点を概述してみる。

第一に、仁斎にとって「性」とは、何よりも生まれついての気質を意味した。そのような仁斎の認識は、例えば、

> 性は、生なり。人其の生ずる所のまゝにして、加損すること無し。……気質を離れて之《これ》を言うに非ず。（字義上・性一）

との言葉に明示されている。加えて、「性」が各人の持ち前の気質であるということは、「性」のありようが多種多様であることを意味した。

凡そ人物《ひともの》の性、剛柔昏明、万《よろず》の同じからざる有り。惟《た》だ堯舜之《これ》を一《いつ》にすること能わざるのみに非ず、天地と雖も亦た之を一にすること能わず。（孟古・告子上六、章注）

という所述は、そのことを言い表している。

仁斎のこのような認識には、朱子学への批判的見解が込められていた。すなわち、朱子学の「性」論は、「天地の性を論ずれば、則ち専ら理を指して言う。気質の性を論ずれば、則ち理と気を以て雜《まじ》えて之を言う[3]」と説かれるように、「性」を、「天」が人に「理」を賦与したことに基づく本来の姿としての「天地の性」（「本然の性」ともいう）と、その「理」が人の身体を構成する「気」とともにある現実の姿としての「気質の性」との両面からとらえようとするが、仁斎はこのような朱子学の二元論的解釈を否定し、「性」を気質そのものとして一元論的にとらえ返したのである。

第二に、仁斎は「性」が生得の気質として多様だとしても、およそ人の「性」である限り、そこには必ず「善」への指向性が具わっていると理解した。すなわち仁斎は、

人の性同じからざること有ると雖も、然り而して其の四端有るに至っては、則ち未だ嘗て同じからずんばあらず。（論古・陽貨二、論注）

と述べ、人の「性」とは、万人に「四端の心」が具わっているその一点において均質だとした。仁斎が、「孟子の所謂性善とは、本《もと》惻隠羞悪辞譲是非の心を以て之《これ》を言う」（字義上・性四）と論ずるように、彼にとって、孟子のいわゆる「性善説」とは、まさにこの「四端の心」の本有をいうものなのであった。

第三に、しかしながら「善」を指向する「四端の心」の働きは、生まれついてあるがままの状態では「微弱」だとされた。すなわち、仁斎は「四端の心」について、

人の性善なりと雖ども、其の初め甚だ微なること猶《なお》原泉の涓々《けんけん》たるがごとし。（孟古・告子上八、大注）

と、それが生得の状態のままでは微弱なものであることを強調して已まない。仁斎にとって、孟子「性善説」とは、単に人間の「性」が善であることを論ずるだけのものではなく、むしろ、「性」の善を認めつつもそれが極めて微弱で不安定なものであることを自覚し、その善を養い充たすことが不可欠であることをいう教説なのであった。

以上のような仁斎の主張は、一方で、「善性」を養い育てる必要を強調するとともに、他方

で、万人の「性」に「善」を行う能力が具わっていることを確言するものでもある。前者の「善性」を養い育てる必要について、仁斎はいわゆる「拡充」説を高唱し、これを彼の学問論の基軸に据えていく。それは、朱子学が「性即理」の主張に基づいて「性善説」を理解し、それゆえ人々に「本然の性」への復帰（復初説）を説いたことと対照されるべき立論であった。

ただし、その学問論の詳細については後章での叙述に譲ることにして、ここでは後者に目を向け、「善」を行う能力をもつとされる「性」が、「情」や「心」など、人がもつ他の内在的能力とどのような関係にあると理解されていたのか、を確認しておこう。そうした人の内在的能力全般に対する認識構造を明らかにすることで、仁斎学の「天人合一」説の意味を思想の深層において理解することが期待できるからである。

「性」「情」「心」

仁斎は、『中庸』首章の「天の命ずる之《これ》を性と謂う。性に率《したが》う之を道と謂う。道を脩《おさ》むる之を教《おしえ》と謂う」という文言に対して、

夫れ道なるものは、至れり、尽くせり、以て加うること蔑《な》し。然れども人をして聖と為《な》り賢と為《な》って、能《よ》く其の材徳を成さしむること能わず。其の聖と為り賢と為って、能く其の

材徳を成す者は、教の功なり。……然れども人の性をして、雞犬《けいけん》の無知なるが如くならしむるときは、則ち善道有りと雖も、善教有りと雖も、能く之を受くること莫《な》し。其の能く道を尽くし教《おしえ》を受くる者は、性の善なる故なり。（中発上一、大注）

という解説を施し、「道」を尽くすための能力が「性」に具わっていることにも重要な関心を寄せている。この能力は「教え」を受け入れる能力でもあるが、問題は、仁斎にとって、万人が共有するこの能力とは、単に外部からの刺激を受け取る能力だったのか、それともある種の内発的な働きを伴う能力だったのか、という点にある。

前者であれば、万人のことを「天人合一」の実践主体と措定することには無理が生ずるはずである。その場合には、例えば徂徠学のように、聖人の「性」と衆庶人の「性」とを異質なものとし、その上で、衆庶人は「天人合一」の主体である聖人の作為に染め上げられることで、「天人合一」の営みに追随的に関与することができる、とするような論理を用意する必要が生ずるだろう。一方、後者であれば、その内発的な働きがどれほど微弱であったとしても、少なくともその働きを能動的に拡充させる可能性が担保され、それに基づいて衆庶人もまた「天人合一」を主体的に担いうる存在と認められることになるだろう。それゆえ、万人の営為としての「天人合一」の可能性を論ずるためには、仁斎が人の「性」にどこまで主体的・内発的な能力を認めていたのか、を明らかにする必要がある。

実は、この問題を吟味する上で、重要な示唆を与えてくれるものに、

心は思うこと有って、性は為《す》ること無し。思うこと有る者は、力を以て能くす可《べ》し。為《す》ること無き者は、其の自《おの》ずから長《ちょう》ずるに任す。（中発下二十、大注）

という仁斎の言葉がある。すなわち、「心」には主体的に思慮することがあって、その能力を発揮することができるが、「性」には主体的に何かをなす能力はなく、その成長も自然に任せるしかない、というのである。

だとすれば、仁斎は主体的な作用をもつ「心」と、それをもたない「性」との関係をどう理解していたのか。とくに「心」は、「性」の一部をなす作用なのか、それとも「性」とは全く別個の働きなのか。こうした問題を検討する必要がある。ここでも結論を急ぐなら、仁斎の「性」論にはいわば重層的な思想構造が認められ、その構造の中に「心」や「情」など他の様々な内在的能力が位置づけられていた、といえる。

第一に、仁斎が「性」を人の気質として理解したことは既に述べた通りであるが、彼はその生来の気質を、自然な傾向性ないし可能性として在る側面と、その傾向性・可能性の発動とし

て在る側面とに区分した。この区分に基づいて、「性」とは別に「情」という観念が登場し、その含意が説明されていく。すなわち仁斎は、

> 目の色に於ける、耳の声に於ける、口の味に於ける、四支の安逸《あんいつ》に於ける、是れ性。目の美色を視《み》んことを欲し、耳の好音を聴かんことを欲し、口の美味を食さんことを欲し、四支の安逸を得んことを欲す、是れ情。父子の親は性なり。父は必ず其の子の善を欲し、子は必ず其の父の寿考を欲するは、情なり。（字義上・情一）

と述べて、色を見ることのできる能力、声を聞くことのできる能力を「性」とし、色を見たいとする欲求や声を聞きたいとする欲求のことを「情」とする。「性」は潜在的な能力を意味し、「情」は顕在的な欲求を意味するのである。

なお、ここでは詳述しないが、「性」と「情」との関係に対するこのような仁斎の理解は、「性」を「未発の体」とし、「情」を「已発の用」とした朱子学のそれに近似するもののようにも見える。だが、朱子学が「性」と「情」との関係に据えた「体用論」的な思考様式を、仁斎は真っ向から否定している。[4] 仁斎にとって、「性」と「情」とはあくまでも「潜在的能力」と「顕在的欲求」との関係にあるのであって、決して「本体」と「作用」との関係において理解

されるものではなかった。

第二に、仁斎は、発動を属性とする「顕在的欲求」である「情」の中から、思慮の働きをもつものを取り出し、それを「心」と呼んだ。すなわち仁斎は、

情は只是《こ》れ性の動いて、欲に属する者、纔《わずか》に思慮に渉《わた》るときは、則ち之《これ》を心と謂う。四端及び忿懥《ふんち》等の四者の若《ごと》き、皆《みな》心の思慮する所の者、之を情と謂う可《べ》からず。……凡そ思慮する所無くして動く、之を情と謂う。纔《わずか》に思慮に渉るときは、則ち之を心と謂う。（字義上・情二）

と語り、「心」と「情」との区分を「思慮の働き」の有無に求める。仁斎学において「心」とは、「性の欲」としての「情」のうち、思慮の働きをもつものなのであった。上述した、「心は思うこと有って、性は為《す》ること無し」という仁斎の言葉はまさにこのことを指摘するものであるが、加えて、それに続く「思うこと有る者は、力を以て能くす可し」という言葉は、思慮の働きが人の主体的能力を意味するものであることを物語っている。

このように仁斎学においては、「性」の中に「情」があり、「情」の中に「心」があるという構造において、「性」「情」「心」三者の関係がとらえられている。これは、朱子学がいわゆる

「心は性情を統ぶ」[5]という命題に基づいて、「性」は未発、「情」は已発であるが、「心」は未発のときは「性」と一体化し、已発のときに「情」として作用することで、「性」「情」の両者を包括的に主宰する、と理解したのとはその認識構造を著しく異にするものであった。

第三に、こうして仁斎は主体的な思慮の働きのことを「心」と呼ぶのであるが、それについてもとくに、いわゆる「四端の心」をもって「心」の本体と見なした。彼の、

心を論ずる者は、当に惻隠羞悪辞譲是非の心を以て本《もと》と為《す》べし。夫れ人の是《こ》の心有るや、猶《なお》源有るの水、根有るの草木のごとく、生稟《せいひん》具足触るゝに随って動き、愈《いよいよ》出でて愈竭きず、愈用いて愈尽きず。是れ則ち心の本体、豈《あに》此れより実なる者有らんや。（字義上・心三）

という言葉は、そのことを雄弁に物語っている。「心」に対する仁斎の認識で注意すべきは、「心とは、人の思慮運用する所、本《もと》貴無く亦《また》賤無し」（字義上・心一）との言葉にあるように、それは主体的な思慮の働きであるものの、その働き自体は没価値的であるということであった。それに対し、仁斎が価値的に「心」と対比させるのは「徳」であった。これは前章でも紹介した文言であるが、仁斎は、

蓋し徳とは、天下の至美、万善の総括、故に聖人学者をして由って之《これ》を行わしむ。心の若《ごと》きは本《もと》清濁相雑《あいまじ》わる、但《ただ》仁礼を以て之を存するに在るのみ。（字義上・徳四）

と述べ、「心」は「清濁相雑わる」ものであるがゆえに「仁」や「礼」に関係づけられることが必要だと強調する。仁斎にとって、朱子学説の大きな誤りの一つは、それが「徳」との関係性を離れて「心」自体を重視する点にあったのである。

では、どのようにすれば「心」と「徳」との関係性が確保されるのか。もちろん、それには聖人の立てた「教え」こそが最も重要な役割を果たすことは指摘するまでもない。だが、その一方で、「心」の側にも「徳」を志向する働きが存在しないことには、両者の結びつきは強固なものにはなりえないはずである。こうして仁斎は、「心」の働きのうち「徳」を志向する働きを、いわゆる「四端の心」に見出した。すなわち、

人必ず惻隠羞悪辞譲是非の心有り、是の四の者は人の性にして善なる者なり。而して仁義礼智は、天下の徳にして、善の至極なる者なり。苟も性の善を以て、天下の徳を行うときは、則ち其の易《やす》きこと、猶《なお》地を以て樹を種《う》え、薪を以て火を燃すがごとく、自《おの》ずから窒礙《ちつがい》

する所無し。（字義上・仁義礼智三）

との所述のように、「四端の心」に「仁義礼智の徳」を志向する明確な拠点としての意味合いを認めたのである。前述した、「能く道を尽くし教《おしえ》を受くる者は、性の善なる故なり」（中発上一、大注）という言葉には、人の「性」には「善」を内発的に志向する「心」の働きが内在する、という含意が込められていた。仁斎が「四端の心」に「心の本体」（字義上・心三）という特別の意味を与えたのもこのためであった。

仁斎は、人は誰もがその「性」の内部に「四端の心」を本有しており、その働きには、微弱ではあるものの、内発的に「善」を志向する力が具わっていると理解した。「四端の心は、人人固有にして仁義礼智に至るの本《もと》なり」（孟古・告子上、篇注）という言葉が、そのことを力強く言い表している。仁斎のいう「人倫世界」としての「天地」が「仁義」を基盤として成り立っている限り、万人に「仁義礼智に至るの本」が具わっているとする彼の立論は、広く一般庶民を含めたすべての人が「天地との一体化」を担う実践主体たりうると、仁斎が考えていたことを強く示唆しているのである。

「志」と人の主体性

仁斎が、人の主体性の根拠とする内在的能力のうち、「四端の心」と並んで重視するものに「志」がある。「志」とは、「心の之《ゆ》く所、之を志と謂う。……愚又謂《おもえ》らく、志とは心の存主する所なり、と。孟子の曰く、夫れ志は気の帥《すい》なり。又曰く、志壹《いつ》なるときは則ち気を動かすと、是れなり」（字義上・志一）というように、「心」の働きを主宰し、人の気質の働き全般を方向づけるものだとされる。

「志」が人の内在的能力の中で、とくに主体性の根拠としての極めて重要な役割を担っていることは、その働きを他の諸能力と対照させることで、一層明らかとなる。すなわち仁斎は、人の内在的能力について、

凡そ心性情才志意等の字、必ず工夫を用うる字有り。必ずしも工夫を用いざる字有り。心に於ては則ち存と曰《い》い尽と曰《い》う。性に於ては則ち養と曰い忍と曰う。志は則ち持と曰い尚と曰う。皆是れ工夫を用うるの字。情の字才の字の若きは、皆必ずしも工夫を用いず。（字義上・情三）

と述べ、これを「工夫」を用いるものと用いないものとに分類する。「心」は「存する」や

「尽くす」、「性」は「養う」や「忍ぶ」、「志」は「持する」や「尚ぶ」などの「工夫」が用いられるのに対し、「情」や「才」はそうした「工夫」が用いられない、というのである。この「工夫」とは、教えに倣ったり学問に従事したりなどを通して、その素質を発展させることを意味する。「情」や「才」に「工夫」が用いられないというのは、「其の性を養うときは則ち情自《おの》ずから正しく、其の心を存するときは則ち才自《おの》ずから長ずるを以てなり」（同前）との所論のように、それらは、「性」や「心」の発展に付随して自ずと発展させられていくものと理解されているからである。

ただし、必ず「工夫」を用いるとされる「性」「心」「志」についても、前述の「心は思うこと有って、性は為《す》ること無し」（中発下二十、大注）という言葉を踏まえれば、「性」が養われるのは「心」を尽くすことを通してである、と解釈しておくべきだろう。さらに、これも前述の「心とは、人の思慮運用する所、本《もと》貴無く亦《また》賤無し」（字義上・心一）という「心」の字義と、「凡そ之《これ》を志と謂うときは、則ち皆善に志すを以て言う」（字義上・志二）という「志」の字義とを対照させるならば、人が「善」を志向し実践するための「工夫」としては、まさに「志」に対する「工夫」こそが最も肝要なこととして理解されるはずである。それゆえ、内在的能力の「工夫」としては、何よりも、「志」を持することが、「心」を尽くし、「性」を養うための基盤であり起点である、と見ることができる。

ここで問題となるのは、この「志」と前述の「四端の心」との関係を仁斎がどう説いていたかである。つまり、両者とも人の主体性の根拠としての意味を有していることに違いはないが、その意味合いにいかなる両者間の異同が想定されているのかという問題である。残念ながら、管見の限り、両者の関係について仁斎は必ずしも明確な所説を残してはいない。ただし、筆者が理解する限りでは、上述のように、「四端の心」が万善の総括としての「仁義礼智」を志向する心の働きとされているのに対し、「志」は広く「善」を志向する心の働きとして論ぜられる傾向があるように思われる。

実際、例えば『論語』に載せられた孔子の所述を見れば、「吾れ十有五にして学に志す」（為政第二・第四章）、「苟も仁に志ざせば、悪しきこと無きなり」（里仁第四・第四章）、あるいは「道に志し、徳に拠り、仁に依り、芸に游ぶ」（述而第七・第六章）などに示される通り、「志」の対象は、「学」「仁」「道」のような「善」としての含意を有するものばかりだといえる。「人倫世界」の調和と充実を支えていくためには、「四端の心」を拡充して「仁義礼智」の徳を行き渡らせることが必須の要件となる。そのことを仁斎は再三再四力説する。だが、そうした役割を遂行していくべき人の主体性を全般的に強調する場合には、その根拠として「心の存主する所」たる「志」の意義が前面に押し出されていく。仁斎学における「四端の心」と「志」との関係は、このような構図に基づいて理解することができるだろう。仁斎の、人若《も》し志を立てて回《かえ》らず、力《つと》め学んで倦《う》まざるときは、則ち以て聖為《た》る可《べ》く、以て賢為る可くして、以て人物の性を尽くして、天地の化育を賛《たす》く可し。（童上二十一）

という立論は、まさに、人は「志」を立て、勇躍して学問に励むならば、誰もが「天地との一体化」を成し遂げることができるということを、高唱しているのである。

Ⅵ――仁斎学における実践主体の形成（二）

――仁斎学の「学問論」の基本構造――

以上のように、仁斎は「天人合一」の実践主体を万民に求める所論を展開した。仁斎にとって、「天地」とはあくまでも「人倫世界」のことを指し、また「人と天地との一体化」とは、人々が「仁義」の徳をもって「人倫」の道を実践することを意味した。人は誰もが「四端の心」を所有し、それを拡充することで「人倫世界」に「仁義礼智」の徳を行き渡らせることができるとする仁斎の主張は、万人が「天地との一体化」の実践主体たりうることを高唱するものでもあった。

しかしながら仁斎は、無条件に、万人が「天人合一」の担い手であると断じたわけではなかった。人の「性」に対する仁斎の基本的認識は、「人の性善なりと雖ども、然れども之《これ》を充《み》てざれば、以て父母に事《つか》うるに足らず」（字義下・学二）というものなのであり、それゆえ、人が「天地との一体化」を果たすためには、「性を充たす」ことが必須の要件とされるのであった。では、「性を充たす」とは一体どのような営みのことを指していわれるものなのか。それについて仁斎は、己《おの》が性は限り有って、天下の道は窮まり無し。限り有るの性を以てして、窮まり無きの道を尽くさんと欲せば、則ち学問の功に非ざるときは得可《べ》からず。此れ孔門専ら教《おしえ》を貴ぶ所以なり。（童上二十一）

と述べ、「性を充たす」とは「学問」への取り組みそのものであることを強調する。すなわち、人は、たとえ聖人であったとしても、「天地との一体化」を果たすためには、学問に従事することが不可欠の前提とされている。仁斎にとって、「天地との一体化」の実践主体とは、天子・諸侯かそれとも士庶人かという地位・身分の違いによってではなく、学問を通して「性」を充たしているか否かの違いによって、理解されるべきものなのである。こうして仁斎が、「天地との一体化」の実践主体とはまさに学問によって形成されていく存在だと説く限り、仁斎学における「天人合一」の論理を読み解くためには、その学問論の構造を吟味することが必要なのである。

学問論の基底的枠組み

学問のありように関する仁斎の所説は多岐にわたっており、その全体構造を体系的に叙述することは容易ではない。だが、仁斎の学問論をその最も基底的な枠組みにおいて理解しようとするなら、私たちは仁斎の主張の中にその構造の基軸をなす論理を見出すことができる。すなわちその一つは、

学に本体《ほんたい》有り、修為《しゅうい》有り。本体とは、仁義礼智、是《こ》れなり。修為とは、忠信敬恕の類、是れなり。蓋し仁義礼智は、天下の達徳、故に之《これ》を本体と謂う。……忠信敬恕は、力行の要、人《ひと》工夫を用うる上に就いて名を立つ。本然の徳に非ず。故に之を修為と謂う。（字義下・忠信五）

というものである。これによれば、仁斎は、学問の営みを「本体」と「修為」の二つの側面からとらえ、その上で、「仁義礼智」をもって「本体の学」とし、「忠信敬恕」をもって「修為の学」としている。そしてもう一つは、

忠信は学の根本。始を成し終を成す、皆此《ここ》に在り。……論語に曰く、忠信を主とす。……学問は必ず忠信を以て主と為《せ》ずんばある可からず。（字義下・忠信二）

という主張である。つまり、「忠信」が「修為の学」に含まれるといっても、それは「忠信」が「修為の学」の一部をなすという意味に留まるのではなく、より積極的に「忠信」が「学の根本」だというのである。

こうして仁斎の学問論の基底的枠組みは、学問の全体を「本体」と「修為」との二側面からとらえ、その上で「修為」に属する「忠信」をもって学問の根本に位置づける、という構図から成り立っている。

では、そもそも仁斎が学問を「本体」と「修為」とに区分した理由はどこにあるのか。これは「学」という言葉の定義に対する彼の認識とも深い関わりがある。仁斎によれば、「学」の字義は「学は、傚《こう》なり、覚《かく》なり。諸《これ》を古訓に考え、之《これ》を見聞に験《こころ》み、傚法する所有って覚悟するなり」（論古・学而一、小注）と説明される。例えば、書を学ぶ者は、手本から筆づかいや字画を「傚《なら》」い、それを繰り返すうちに先人の巧法を「覚《さと》」るようになるが、「学」とはそのような営みだというのである。この「傚」と「覚」とは、「諸を古訓に考へ」と「之を見聞に験み」とに対応するが、こうして仁斎は、「学」の営みを、何らかの指標の存在を想定し、それに「傚」うという側面と、その指標の内実を自らの体験を通して「覚」るという側面とにおいてとらえる。仁斎が「学」の字義に見出した「傚」と「覚」の二側面が、その学問論における「本体」と「修為」との構成基盤となっているのである。

本体の学

まず、「本体の学」とは、「道」を実現するための確かな指標に対する知を獲得することを意味した。仁斎にとってこの指標とは、具体的には「仁義礼智」を措いて他にはありえなかった。それは、「学は、人の人為《た》る所以の道を求むるのみ。人の人為《た》る所以の道は、仁義のみ」（孟古・告子上十一、章注）と、学問の目的を仁義の追求に集中させる仁斎学において最も根本的な認識であった。「仁義」をもって学問の指標とするこの認識は、Ⅳで言及したように、「孔孟の意味血脈」に依拠することなのであった。ただし、この「仁義礼智」とは、これもⅣにて紹介した、

> 仁義礼智の四者は、皆《みな》道徳の名にして、性の名に非ず。道徳とは、偏《あまね》く天下に達するを以て言う。一人の有する所に非ず。性とは、専ら己《おのれ》に有するを以て言う。天下の該《か》ぬる所に非ず。此れ性と道徳との弁なり。（字義上・仁義礼智三）

との文言にあるように、「天下」（人倫世界）に達する普遍的な次元で語られる道徳であって、個々人の所有の次元で語られる内在的能力を指すものではなかった。つまり、それは「天下」の側から個々人の行為実践に意味を与える理念なのであって、個々人がそれを行為実践の対象

とするものではなかった。それゆえ、各人が「仁義礼智」に対してとりうる態度は、それに「由る」ことであって、それを行うことではなかった。「仁義に由って行う、仁義を行うに非ず」(『孟子』離婁章句下・第十九章)という孟子の言葉は、このことを意味しているのである。

だが、「由る」ことのできるものである限り、それは学ぶ者が関知できるものとして万人に開かれていなければならない。仁斎が「知り易く行い易く平正親切なる者は、便ち是れ堯舜の道にして、孔子立教の本原、論語の宗旨《そうし》なり」(童上五)と論じたのもこのためである。こうして仁斎は、「道徳の本体」である「仁義礼智」の意味・内実を「孔孟の直指」(童下四十五)を通して知るという学問の様態のことを、「本体の学」としたのである。

仁義礼智の意味

では、その「仁義礼智」の意味・内実を、仁斎はどう説いていたのか。

まず、「仁」についてである。仁斎は、

慈愛の心、内より外に及び近きより遠きに至り、充実通徹《つうてつ》達せずという所無し、即ち是《こ》れ仁なり。(論古・学而二、論注)

と述べ、「仁」とは、「慈愛の心」が「内より外」もしくは「近きより遠き」へと推し及ぼされて、到達しない所のなきことを指すとしている。「慈愛の心」が「仁」なのではなく、「慈愛の心」が遍く推し及ぼされていくことが「仁」なのである。「仁」が「一己的」概念ではなく、「普遍的」概念である所以がこの点にある。では、「慈愛の心」が推し及ぼされていくのは、いかなる舞台においてなのか。それについても仁斎は、

仁の徳為《た》る、豈に言《げん》を以て尽くし口を以て悉《つく》す可《べ》けんや。天下に王為《た》るときは則ち天下に及び、一国に君為《た》るときは則ち一国に及び、一家に主為《た》るときは則ち一家に及び、父為《た》るときは則ち其の子に及び、夫為《た》るときは則ち其の妻に及び、兄為《た》るときは則ち其の弟に及び、弟為《た》るときは則ち其の兄に及ぶ。……我能く人を愛すれば、人も亦我を愛す。相親しみ相愛すること、父母の親しみの如く、兄弟の睦じきが如く、行うとして得ずということ無く、事として成らずということ無し。（童上四十四）

と述べ、「仁」とは、「我から人へ」という人倫関係の拡がりにおいてとらえられるものであり、我と人との間に結ばれる親愛の関係が最も身近な父母兄弟の関係のようなものになることだとする。つまり「仁」とは、個人の内部にて自足的に存立する道徳ではなく、あくまでも人と人

との人倫関係において成立する道徳なのである。

また、「義」「礼」「智」については、

> 其の当に為《す》べき所を為《し》て、其の当に為《す》べからざる所を為《せ》ざる、之《これ》を義と謂う。尊卑上下、等威《とうい》分明、少しも踰越《ゆえつ》せざる、之を礼と謂う。天下の理、暁然洞徹《ぎょうぜんどうてつ》、疑惑する所無き、之を智と謂う。（字義上・仁義礼智一）

と説かれる。「義」は、孟子の「人皆為《せ》ざる所有り。之《これ》を其の為《す》る所に達するは義なり」（『孟子』尽心章句下・第三十一章）との言葉に基づいて、人と人との関係にて行われる徳とされる。「礼」も、それが「古に準じ今を酌し、土地に随《したが》い、人情に合い、上朝廷より、下閭巷《りょこう》に至るまで、人をして循守して楽しんで之《これ》を行わしめん」（字義上・仁義礼智十）ものとされている限り、「人倫世界」に秩序を与える徳であることは疑いない。「智」もまた、「所謂知とは、己《おのれ》を修むるよりして、人を治むるに及び、家を斉《ととの》うるよりして、天下を平らかにするに及ぶ」（字義上・仁義礼智十二）と語られている。仁斎の説く「仁義礼智」とは、いずれもそれ自体が人と人との人倫関係を舞台として成り立つ道徳なのであった。

さらに、「仁義礼智」四者の関係についてであるが、まず、「仁」と「義」とは、人道の仁義有るは、猶《なお》天道の陰陽有るがごとし。仁義を外にして豈に復《ま》た道有らんや。而して仁の義を包《か》ぬるは、猶《なお》陽の陰を統《す》ぶるがごとし。故に孔門仁を以て宗《そう》と為《し》て、義を以て輔《ほ》と為《す》。（童中一）

というように述べられる。ここには、人道が「仁」「義」の両者を必須の条件として成り立つことが説かれつつ、その上で、天道において「陽」が「陰」を統括するように、人道においては「仁」が「義」を包括するという認識が示されている。「慈愛の心」を人々に推し及ぼすこと（仁）には、為すべきことと為すべからざることとの弁別（義）が自ずと含まれる。それゆえ、「仁」は元来「義」を包括している、というのが両者の関係に対する仁斎の基本認識なのである。

次いで、「仁義」と「礼智」との関係が、

仁義の二者は、実に道徳の大端《だいたん》、万善の総脳《そうのう》、智礼の二者は、皆此《これ》よりして出づ。……孟子も亦曰く。仁の実は、親に事《つか》うる是《こ》れなり。義の実は、兄に従う是れなり。智の実は、斯《こ》の二の者を知って去らざる是れなり。礼の実は、斯《こ》の二の者を節文する是れなり。其の

理尤《もっと》も分明。（字義上・仁義礼智五）

と説かれる。つまり、「礼智」は「仁義」から生ずるというのである。仁斎によれば、孟子の認識に例示されるように、「智」とは「仁義」に対する堅実な知を意味し、「礼」とは「仁義」を節《ととの》え文《かざ》ることを意味する。このように「仁義礼智」とは、四者が並列的に成り立っているものではなく、あくまでも「徳の根本」としての「仁義」と、「仁義」の保持をより確かなものにする徳としての「礼智」という関係において理解されている。

仁斎の認識によれば、このような「徳の本体」としての「仁義礼智」は、元来「知りやすく行いやすい」ものでありながら、後世においては、

孔孟以後能《よ》く仁を識《し》る者鮮《すくな》し。……宋に至って専ら仁を以て理と為《す》。是《ここ》に於て仁の徳と離る丶こと益《ますます》遠し。甚だしうして無欲を以て仁の体《たい》と為《し》、虚静を以て仁の本《もと》と為《す》るに至る。止《ただ》に仁の徳を識らざるのみに非ず、実に孔孟の旨を害すること甚だし。（字義上・仁義礼智十四）

と、とりわけ朱子学説の通行によって、その意味が著しく曲解されて人々の意識を覆うように

なってしまった。それゆえ孔孟の思想に立ち返り、「人倫世界」を成り立たせ充実させる徳としての「仁義礼智」に関する確かな知を獲得するための学的営為が強く要請される。この学的営為が仁斎のいう「本体の学」なのであった。

修為の学

次に、「修為の学」についてである。これは、各人が「徳の本体」としての「仁義礼智」へと至る経路を、実際に切り開いていくための行為実践のことを意味した。上記のように、仁斎は人々が「道」を行うには、「仁義礼智」に「由る」ことが必須の要件であるとしつつも、その一方で「道」は、「皆人《みな》に由って顕《あら》わる。人無きときは則ち以て道を見ること無し」（童上九）と論ずる。

例えば仁斎は、「本体」としての「仁」について、「若《も》し仁を言うて人を言わざれば、則ち虚にして以て道を見ること無し」（孟古・尽心下十六、小注）と述べ、もしそれが「人」の行為実践と切り離されたところで、単なる知のための知としてのみ語られるならば「虚」に陥るとする。それに対し、「修為」としての「孝弟」や「忠信」については、「夫れ孝弟は順徳、忠信は実心。人若《も》し忠信ならざるときは、則ち名《な》孝を為《す》と雖も、実は孝に非ず、名《な》忠を為《す》と雖も、実は忠に非ず」（童上三十五）と、これを「実」なるものと明言する。人が「本体の学」を通して道徳の意味・内実に対する知を獲得したとしても、それだけでは道徳はその実質的意味をもちえない。道徳とは、個々人の行為実践を通してはじめてその実質的意味をもちうるものなのである。「本体の学」なしには道徳の真義は理解されえないが、「修為の学」なしに道徳が実際に行われることはありえないのである。

こうして仁斎は、個々人の行為実践の対象を、まさに「修為」としての「忠信敬恕」に求めた。それは、前述のように、「本体」としての「仁義礼智」が各人の行為対象ではなかったことと対比される。それについて、仁斎は「仁」と「恕」とを取り出しながら、

> 仁は勉《つと》めて為《な》す可《べ》からず、恕は強《つと》めて之《これ》を能《よ》くす可し。仁は徳有る者に非ざれば能《あた》わず、恕は力《つと》め行う者之を能くす。其の強《つと》めて能くする所の恕を為すときは、則ち自ずから勉《つと》めて為す可からざるの仁を得《う》。（童上五十八）

と説明する。ここで意識されているのは、行為実践の主体たる「己」と「人倫世界」たる「天下」との間にある懸隔である。「徳の本体」としての「仁」は、「偏《あまね》く天下に達する」（字義上・仁義礼智三）ものであり、個人が「勉《つと》めて為《な》す」ことのできるものではない。それに対し、「修為」としての「恕」は「己《おのれ》を以て……人の心を体察する」（童上五十九）ものであり、個人の

「強《つと》めて之《これ》を能くす可」きものである。そして、「己」に可能な「恕」を行うことが、「天下」に達する「仁」に到る経路だというのである。

仁斎学の「人の外《ほか》に道無く、道の外に人無し」（童上八）というテーゼは、学問の営みにおける「本体の学」と「修為の学」とのいわば円環的な相互関係を言い表してもいる。すなわち、「道」は人の「修為」を通してしか、実現されることはない。「人の外に道無く」とはそのことをいう。一方、「本体」としての「道」に「由る」ことなしには、人は人たりえない。「道の外に人無し」とはこの謂いである。

こうして仁斎は、個々人が「本体」に由りながら、しかも個々の人倫関係において「修為」していくことに、学問の本旨を見出したのである。彼の、

仁義は固《まこと》に道の本体、忠恕の功と雖も、亦《また》仁義を以て本と為《せ》ざること能《あた》わず。然れども人を待し物に接するに至っては、必ず忠恕を以て要と為《す》。（字義下・忠恕四）

という言葉は、「本体」と「修為」との円環的関係からなる、仁斎の学問論の最も基底的な枠組みを平易に語ったものといえる。仁斎は、学問の営みを、全体としての人倫的世界を成立させている「徳」そのものに対する知（本体の学）と、個々人が現実の生活の中で他者と関わり

その人倫関係を充実させていく行為実践（修為の学）との相互連関においてとらえたのであった。

「学の根本」としての「主忠信」

ところで、仁斎のいう「修為」とは、上記の「忠信敬恕」や「孝弟」「忠恕」などに留まらず、実に多種多彩な行為実践が想定されるものであった。それについて彼は、

蓋し聖人の人を教うる、其の条目固《まこと》に一端に非ず。衆功兼ね挙げて、而る後能く其の徳を成すことを得。……故に或いは曰く智仁勇、或いは曰く忠信篤敬、或いは曰く恭寛信敏恵、或いは曰く忠信を主として義に徙《うつ》る、と。事に因って教《おしえ》を設け、人に対して方を示す。豈徒《ただ》に一事を守って徳を成すを得べけんや。（童上三十七）

と述べ、「事に因って」設けられる教説の多様性を率直に語っている。

だが、こうして「修為」を説く聖人の教説が、各実践主体の状況に応じて多種多様だとしながらも、仁斎は、多種多様にありうる教説の中でそれらを根底において規定する原理的な教説があるという。仁斎が「学者専ら忠信を以て主と為《せ》ずんばある可《べ》からず」（童上三十六）と語る

「主忠信（忠信を主とする）」がそれである。しかも、前述したように、「主忠信」は「修為」の中心的教説ということ以上に、「学の根本」として位置づけられているのである。その理由は一体何に認めることができるのか。

まず、「忠信」の定義から確認しておこう。仁斎はこれを、

> 夫れ人の事を做《な》すこと、己《おの》が事を做すが如く、人の事を謀《はか》ること、己が事を謀るが如く、一毫《いちごう》の尽くさざる無き、方《まさ》に是《こ》れ忠。凡そ人と説く、有れば便《すなわ》ち有りと曰い、無ければ便ち無しと曰い、多きは以て多きと為《し》、寡《すくな》きは以て寡きと為《し》、一分も増減せず、方《まさ》に是れ信。
> （字義下・忠信一）

と説明する。要するに、他者のことを自分のことのように思って心を尽くし、その言葉に一切の偽飾をまじえないのが「忠信」だといえよう。だが、この定義だけでは、「忠信」が「学の根本」とされる理由は必ずしも判然とはしていない。

仁斎が、「仁」をもって「人道の大本《だいほん》、衆善の総要《そうよう》」（童上四十二）とし、「聖門学問の第一字」（童上三十四）としたことはいうまでもない。前述のように、「仁」とは、人々が住まう「人倫世界」の中を「慈愛の心」で結ばれた人間関係のネットワークが張り巡らされていくこ

とを意味した。「人倫世界」の調和的発展に「道」を見出した仁斎にとって、「仁」こそそれを根本において支える徳なのである。

だが、「仁」は「徳の本体」として、「人倫世界」の側から人々の行為実践を意味づけるものであって、人々の行為実践の対象ではなかった。人々が「仁」を実現するには、それに至るためのアプローチたる「修為」を経由しなければならなかった。「本体」としての「仁」は、それに対する知を獲得するだけでは、未だ徳としての実質的意味をもちえない。「仁」に実質的意味を与えるものは「修為」という人々の行為実践なのである。そして、「修為」の中で「忠信」がその中核に位置づけられるのは、それが「仁」へのアプローチの起点として、「仁」に最も直接的に応答する行為実践であることを意味している。仁斎の、「道徳を語るときは則ち仁を以て宗《そう》と為《し》、修為を論ずれば必ず忠信を以て要《よう》と為《す》」（論古・為政二、論注）という言葉は、そのことを最も明瞭に示している。

要するに、「人倫世界」の徳の中で「仁」が根本であるように、各個人の行為実践の中では「忠信」が要点となるのである。仁義礼智の中で「仁」が「徳の長」（童上三十九）であるように、忠信敬恕などの「修為」の中では「忠信」が「仁を行うの地」（童上三十五）と理解されるのである。「忠信」のもつ「地」（基盤）としての機能について、仁斎は、「忠信以て地と為《し》、篤敬以て之《これ》を守り、恕以て之を行う、皆夫《か》の仁義を修むる所以なり」（童下二十一）と論ずる。

各個人が様々な人と接し、充実した人倫関係を構築していく上で、他者を篤く敬ったり（篤敬）、他者の心を忖度したりすること（恕）が必要であることはいうまでもない。だが、それらの行為実践も、「忠信」――他者のことを自分のことのように思って心を尽くし、その言葉に一切の偽飾なきこと――が基盤に据えられていなければ、すべてが表層的な形式をなぞるだけのものになってしまう。こうして仁斎は、

蓋し忠信に非ざるときは、則ち道以て明らかなること無く、徳以て成ること無し。礼は忠信の推、敬は忠信の発。乃《すなわ》ち人道の以て立つ所にして、万事の以て成る所なり。凡そ学者は忠信を以て主と為《せ》ずんばある可《べ》からず。（論古・述而二十四、論注）

と、「忠信を主とする」ことの意義を高唱する。「忠信」とは、現実の「人倫世界」における人々の「修為」の営みにおいて、常に心の中心に保持すべき工夫のことをいうのであり、またこの点にこそ「忠信」が「学の根本」といわれる理由が求められるのである。

「忠恕」と「忠信」

仁斎は学問の営みを、「人倫世界」を成り立たせている徳の本義に対する「知」と、その徳

を「人倫世界」という舞台で実践する「行」との円環的関係において理解した。その意味で、仁斎もまた「知行合一」という儒学思想の基本的枠組みの内部に自身の学的立場を置いていた。ただし「人倫世界」という、実際に人々の生の営みが展開されている世界のありように「実」の意味を認めた仁斎は、学問の営みについてもその「実」としての意味を「行」に与えた。「主忠信」が「学の根本」とされたのも、このためであった。

だが、仁斎の所説の中には、学問の根本として位置づけられているように認められる教説が、「主忠信」以外にも存在する。ここでは、それらの教説と「主忠信」との関係を吟味することで、仁斎の学問論により明確な構図を与えてみたい。

第一に取り上げるべきは、「修為」としての「忠恕」である。孔子の「吾が道は一以て之《これ》を貫く」との言葉を、孔門高弟の曽子（曽参《そうしん》）が「夫子の道は、忠恕のみ」（『論語』里仁第四・第十五章）と理解したことはよく知られているが、仁斎は、

蓋し存養は仁義に在り、人を待するは忠恕に在り。苟も忠立ち恕行わるゝときは、則ち心弘く道行われ、以て仁に至る可し。（字義下・忠恕四）

と述べ、「忠恕」に「修為」の要点としての含意を与えている。「仁」に至るための行為実践と

して、「忠恕」には「忠信」と同様の重みが認められているのである。

「忠信」が「学の根本」とされたのは、それが自分の心を尽くして自己と他者との間に存在する様々な疎隔を埋め、他者との人倫関係を通じ合わせようとするものであることにおいて、「人倫世界」に調和と充実をもたらす最も基底的な行為実践と理解されたからであった。自他の人倫関係を充実させるための基底的な行為実践という、この点において、「忠恕」にも同様の意味が見出されている、といえるのである。

この「忠恕」の意味は、朱子学では、「己《おのれ》を尽くす之《これ》を忠と謂い、己を推《お》す之を恕と謂う」[1]との注釈のように、行為主体としての自己が存在し、その主体の心を他者に推し及ぼしていくことと理解される。また、それが可能なのは、自他の心は本来同一同源の「理」を共有しているからだと説かれる。自己の心に存する「理」をもってして、他者の心の「理」を推し測ることで、「己《おのれ》を推《お》して人に及ぼす」[2]ことが可能だというのである。それに対し、仁斎は「忠恕」の含意について、

己《おのれ》の心を竭《つく》し尽くすを忠と為《し》、人の心を忖《はか》り度《はか》るを恕と為《す》。……苟も人を待する、其の好悪する所如何、其の処《お》る所為《な》す所如何と忖り度って、其の心を以て己《おの》が心と為《し》、其の身を以て己が身と為《し》、委《い》曲《きょく》体察、之《これ》を思い之を量るときは、……毎事必ず寛宥《かんゆう》を務めて、刻《こく》

薄《はく》を以て之を待するに至らず。(字義下・忠恕一)

と論ずる。自他の存在とはその好悪するところに元来隔たりがあるという現実を十分に認めつつ、しかもその上で、他者の心を自己の心とし、他者の身を自己の身とするような、他者への自己融合的理解をもって「忠恕」とするのである。仁斎が、「自《みずか》ら己《おのれ》の心を竭《つ》くすときは、則ち人に於て物我の隔て無し。能く人の心を忖《はか》り度《はか》るときは、則ち癢《よう》疴《あ》疾痛《しっつう》挙げて我が身に切なり」(論古・里仁十五、小注)と力説するように、朱子学的な「理」の介在によってではなく、「己の心を竭《つ》くし尽くし」「人の心を忖《はか》り度《はか》る」という実践努力としての心の傾注によって徹頭徹尾相手に寄り添っていくことが「忠恕」なのである。

こうして「忠恕」が「人倫世界」の充実に果たす役割は、「忠信」と同様の重みをもって、仁斎に理解されたのであった。聖人孔子が、「忠信を主とす」(『論語』学而第一・第八章、子罕第九・第二十四章、顔淵第十二・第十章)と語り、「忠恕」をもって「吾が道一以て之を貫く」(『論語』里仁第四・第十五章)と語っていたことは、仁斎学の「修為」論において、等しく至上の道徳的価値をもって受けとめられていたのである。

「孝弟」と「忠信」

「忠信」「忠恕」と並んで、仁斎が「修為」の根本に位置づけているものに「孝弟」がある。「孝弟」とは、「親に親しみ兄を敬する」（孟古・尽心上十五、小注）ことを指していわれるものであるが、仁斎はこの「孝弟」の意義について、

孝弟の心は人人具足《ぐそく》す。孩提《がいてい》の童《わらべ》と雖も亦皆之《みなこれ》有り。人道の大本、万善の由って生ずる所、仁道の大と雖も、此《これ》を以て本と為《せ》ざること能わざるときは、則ち孝弟の徳其れ大ならざるや。……蓋し孝弟は学問の本根なることを明かす。（論古・学而二、大注）

と評している。だが、なぜ仁斎は、一方で「忠信」をもって「学の根本」（字義下・忠信二）といいながら、他方で「孝弟」を「学問の本根」（論古・学而二、大注）というのであろうか。仁斎は、両者の関係をどのように理解していたのか。

仁斎の所述において、両者はしばしば「孝弟忠信」と並び称されている。例えば、「古《いにしえ》は道徳盛んにして議論平らかなり。故に惟《ただ》孝弟忠信を言うて足れり」（論古・学而四、論注）や、「設令《たとい》宇宙の外、復《また》宇宙有りとも、苟も人有って其の間に生ぜば、必ず当に君臣父子夫婦の倫有って、孝弟忠信の道に循うべし」（童上九）などの文言のごとくである。上述のように、仁

斎が学問の根本に位置づけた「忠信」や「忠恕」とは、相手の心を自らの心とし、相手の身を自らの身とするような、他者への徹底的な自己融合的アプローチを意味した。だが、これを直ちに行為実践に移すことが容易でないことは論を俟たない。その実践を推し進めるには、仁斎が「仁」の定義において示したように、「内より外に及び近きより遠きに至り」（論古・学而二、論注）という経路を辿ることが現実的である。この経路の起点たる「内」や「近き」が人倫関係における最も身近な存在、すなわち「親」や「兄弟」であることはいうまでもない。

仁斎は、孟子の「仁の実は親に事《つか》うる、是《こ》れなり。義の実は兄に従う、是れなり」（『孟子』離婁章句上、第二十七章）という文言に、

仁義の徳大なり。然れども人に在っては、則ち親に事《つか》え兄に従うの間に出でず。故に仁義の名虚《きょ》にして、孝弟の徳実《じつ》なり。（孟古・離婁上二十七、小注）

との注釈を施し、「孝弟」の実践こそが「仁義」に実質的意味を与えるとする。これは、彼が「孝弟」に「仁義」に至る経路の具体的起点としての意味を認めたからだといえる。

要するに、「忠信」は人倫関係を充実させるための行為主体の「心」のありようの基盤たることにおいて「学の根本」なのであり、「孝弟」は人倫関係を充実させるための行為対象の起

点たることにおいて「学問の本根」なのである。「忠信」が「人倫世界」に調和をもたらすための要点であることはいうまでもないが、「忠信」の心が人倫関係において最初に傾注されるべきは、親・兄弟という最も身近な存在に対してなのである。仁斎の、「孝弟は実徳なり。忠信は実心なり。故に聖門の教《おしえ》は必ず孝弟を以て本と為《し》、忠信を主と為《す》」（論古・子路二十、論注）との言葉は、まさにこのことを語ったものなのである。

なお、仁斎が「孝弟」のことを取り上げる場合、とくにこれを次章にて言及する「拡充」説に関連づけて論ずる傾向がある、ということには注目しておくべきであろう。例えば、『論語』が孔子の高弟有子（有若《ゆうじゃく》）の言葉として伝える「孝弟なる者は、其れ仁の本為《た》るか」（学而第一・第二章）という文言に対して、仁斎は、

孟子曰く、孩提《がいてい》の童《わらべ》も其の親を愛することを知らざるは無く、其の長ずるに及んで、其の兄を敬することを知らざるは無し。親を親しむは仁なり。長を敬するは義なり。他無し、之を天下に達《おしおよ》ぼすのみ。其の意以為《おもえ》らく仁義は他に非ず、孝弟の心を拡充して之を天下に達《おしおよ》ぼす、是《こ》れなり。（論古・学而二、大注）

と、孟子の言葉（『孟子』尽心章句上・第十五章）を引きながら、「孝弟」が本であり、その心を

「拡充」することが「仁義」に至る道だと論ずる。あるいはまた、これも孟子の同じ言葉を踏まえながらのことであるが（ただし訓読の方法は異なっている）、

孟子曰く、孩提《がいてい》の童《わらべ》も其の親を知愛《ちあい》せずということ無し、其の長ずるに及んでや、其の兄を知敬《ちけい》せずということ無し。両の知の字は良知を指す。愛敬の両者は即ち良能を指す。……而して孟子の良知良能の論を発する所以の者は、蓋し学者をして之《これ》を拡充して、以て仁義礼智の徳を成さしめんと欲するなり。（字義上・良知良能一）

と、「親への愛」と「兄への敬」である「孝弟」のことを「良知良能」と解釈し、その上で、「孝弟」を「拡充」することが「仁義礼智」を完成させる道だと説く。仁斎は、「良知良能とは本然の善を謂う。即ち四端の心なり」（字義上・良知良能一）と論じていたが、こうして「孝弟」の含意が「良知良能」や「四端の心」と重ね合わされ、その「拡充」の必要性が唱えられていることからも、仁斎が、「孝弟」をもって「人倫世界」に「仁義礼智」を実現させるための経路にある最も具体的な起点と考えていたことは間違いない。

「誠」と「忠信」

仁斎が、学問の根本としての含意を認めたものに、もう一つ、「誠」がある。実際に仁斎は、「誠とは道の全体。故に聖人の学は、必ず誠を以て宗《そう》と為《す》」（字義下・誠三）と述べ、その「道」や「学」としての根源性を指摘している。しかもその根源性には、

所謂《いわゆる》仁義礼智、所謂孝弟忠信、皆《みな》誠を以て之《これ》が本と為《す》。而して誠ならざるときは則ち仁仁に非ず、義義に非ず、礼礼に非ず、智智に非ず、孝弟忠信も亦《また》孝弟忠信為《た》ることを得ず。……是《こ》の故に誠の一字、実に聖学の頭脳、学者の標的。（字義下・誠三）

と説かれるように、「本体としての仁義礼智」も「修為としての孝弟忠信」も、すべてがこの「誠」を土台として成り立つ、とされるほどの意味が与えられている。「誠」のもつこの根源性にも拘わらず、何故に仁斎は「主忠信」をその学問論の基軸に据えたのか。

実は、「忠信」と「誠」との関係に対する仁斎の認識には、やや不可解な問題が含まれている。というのも、仁斎は、『中庸』の「誠は天の道なり、之《これ》を誠にするは人の道なり」（第二十章）という文言に対する注釈の中で、「誠」の意味を「真実無偽」とし、それを「真実無妄」とする朱子学説と対峙する姿勢を打ち出していたが、それは、「真実無妄」という言葉に内包

された「天理の本然」という意味合いを排除することを意図するものだったからである（八四頁参照）。この姿勢の背景に、「聖人……未だ嘗て特に理を曰わず」（童下二十一）という仁斎の認識があったことはいうまでもない。それにも拘わらず、仁斎は、

所謂之《これ》を誠にすると、忠信を主とすると、意甚だ相近し。然れども功夫自《おのず》から同じからず。忠信を主とするは、理に当るか否《しから》ざるかを顧みず、只是《ただこ》れ己《おのれ》の心を尽くし、朴実に行い去るを謂う。之を誠にするは、理に当ると否《しから》ざるとを択んで、其の理に当る者を取って、固く之を執るの謂《いい》。（字義下・誠二）

と論じ、「忠信」がひたすら「己の心を尽くす」ことをいうものであるのに対し、「誠」は「理」に当たるものを選び取ることだと説いている。「道の全体」たる「誠」が、仁斎がその思想的意義を消極的にしか認めていない「理」を基準として行われるとの立論は、私たちには理解しづらいものとなっているのである。[3]

この問題を読み解く一つの重要な手掛かりは、

宋儒の意以為《おもえ》らく、忠信を主とするは甚だ易き事、行い難き者無しと。故に別に一般の宗

旨を撰んで、之《これ》が標榜と為《な》して、以て人を指導す。殊《たえ》て知らず道は本《もと》知り難き者無し、只《ただ》是《こ》れ誠を尽くすを難しと為《す》。苟も誠の尽くし難きことを知るときは、則ち必ず忠信を以て主と為《せ》ざること能わず。易に曰く、忠信は徳に進む所以なり。故に学は聖人に至ると雖も、亦忠信に外ならず。（字義下・忠信三）

という仁斎の言葉にあるように思われる。つまり、①「主忠信」とは誰にでも実行可能な簡単な教説のように見えるため、「道」を難知・難行と考える宋学者たちは別の教えを立てて人々を指導しようとした、②「道」とは本来知りやすいものであるが、ただ「誠」を尽くすことは難しい、③「誠」を尽くすことが難しいことを知るならば、人は必ず「主忠信」に心掛けねばならない、というのである。

この二つの所述を対照させると、一つには、「誠」と「忠信」とが互いに近似する意味を有していることが注目され、もう一つには、「誠」を尽くすことが難しい理由は、それが「理」に当たるものを選び取るものだからとされていることが窺われる。

仁斎は「誠は実なり」（字義下・誠一）と述べるのであるが、仁斎のいう「実」の意味が、常に「人倫世界」における人々の営みに向けられるものである限り、「誠」もまた「人倫世界」の充実を全体として支えるものと考えられていたことは疑いない。「誠」が「道の全体」と説かれる理由がここにある。しかし、以前に紹介した「誠とは、聖人の行、真実無偽、自ら力を用いざること、猶《なお》天道の自然に流行するがごときを謂う」（中発下十八の四、小注）との文言にあるように、「誠」とは、聖人の所為が自ずと「天地自然の道理」（童下五十三）に適合することをもっていわれるものであった。この意味での「合自然」は、仁斎学においても「天下の至誠」たる聖人においてはじめて可能なことなのであって、聖人の境地に達していない衆庶人にも可能だとは考えられていなかった。「誠」が行い難いとされる理由がこの点にある。

もちろん、「誠」が「人倫世界」の充実を全体として支えるものである限り、それは衆庶人にとっても必然的な重みをもって意識されるべきであった。だが、衆庶人が自らの行為実践の基準に絶えず「天地自然の道理」を据えることは、容易なことではない。それゆえ、衆庶人も自ずと「誠」を実践することが可能となるように、聖人孔子が人々に示した教説が「主忠信」だったのである。仁斎は、

論語は宇宙第一の書と為《し》て、仁は孔門の第一字為《た》りと。然れども大学の若《ごと》きは、敬を以て要と為《し》、中庸は誠を以て主と為《し》、及び詩の思無邪、書の中、易の時、一書各《おのおの》一書の綱領有り。（童中一）

と述べ、『論語』の「仁」、『大学』の「敬」、『中庸』の「誠」、『詩経』の「思い邪《よこしま》無し」、『書経』の「中」、『易経』の「時」という具合に、経書にはそれぞれの書がそれぞれに綱領とする中心的思想があるとする。「誠」は『中庸』が積極的に取り上げた思想の綱領といえるが、各書の中心的思想とは、「仁」はもとより、「敬」も「中」も「時」も、それぞれがいずれも「天地自然の道理」に適うことを前提とするものといえる。「誠」という言葉が「天地自然の道理」に適うことそれ自体を意味するものである限り、それはまさに「道の全体」としての思想的意義を有している。

だが、「最上至極宇宙第一の聖人」（童下五十）たる孔子が、そのことを十分に見定めた上で、道徳の本体に据えたものは「仁義」であり、その「仁義」へのアプローチたる「修為」の中核として人々に示したものは「主忠信」なのであった。万人が「天地自然の道理」とは何かを探りながら、それに適合する行為実践を推し進めていくことは困難である。だが、人は誰もが「己の心を尽くす」ならば、それを通して自身の行為実践を自ずと「天地自然の道理」に適合させていくことができる。これが孔子の確信であった。そこには、「人能《よ》く道を弘む。道の人を弘むるに非ず」（『論語』衛霊公第十五・第二十八章）と高唱する孔子の人間観、道徳的存在としての人間に対する孔子の深く厚い信頼があった。仁斎は、孔子が「主忠信」を「学の根本」として掲げた重大な思想的意味を、まさにこの点に見出したのであった。

繰り返しになるが、仁斎は聖人孔子の功績を、

聖人未だ生ぜざれば、則ち道天地に在り。聖人既に生ずれば、道聖人に在り。聖人既に歿すれば、則ち道六経《りくけい》に在り。道天地に在れば、微にして見る可からず。道六経に在れば、空言補無し。唯聖人世に在れば、則ち煥乎《かんこ》として其れ文章有り。上下天地と流れを同じうす。（中発下二十七、大注）

と論ずる。すなわち、孔子の存在しない世にあっても「道」は「天地」（人倫世界）に所在することはできる。それは、「天地」が「真実無偽」の姿を呈することによってであり、そのありようを「誠」と称することはできる（例えば、堯舜の治世下がそうであった）。だが、そのような「道」は人々には「微にして見る可から」ざるものである。それに対し、孔子の世における「道」は「煥乎《かんこ》として其れ文章有」るもの、すなわち、「道」の内実を言葉を通して人々が理解できるものであった。要するに、「天地」がその「真実無偽」たるありようを最も鮮明に現すことができたのは、まさに孔子の存在を通してなのであった。そして、孔子の存在を通して実現された「天地」の「真実無偽」とは、「誠」によってではなく、「主忠信」という教説によって担われた。これが「主忠信」の思想的意義に対する仁斎の最も根本的な理解なのである。

以上、「忠恕」「孝弟」「誠」など、学的営為の基盤に据えられるべき教説が経書の文中に記されていることを十分に見据えながらも、仁斎は、「主忠信」をもって「学の根本」であると強調した。それは、「夫子の道、惟《ただ》天地と其の大を同じうするに非ず。夫子は即ち天地なり」(『中発下二十六の二、大注)とする、聖人孔子への絶大なる信頼に基づくことなのであった。

Ⅶ――仁斎学における実践主体の形成（二）

――「拡充」説の構造と特質――

以上のように、仁斎学の学問論の基本構造とは、①学の営みを「本体の学」と「修為の学」とに大別する、②その上で「修為」としての「主忠信」をもって、あらゆる学的営為の根本として位置づける、というものであった。各人は、それぞれが「主忠信」に自覚的に努めることで、「人倫世界」に「仁義」の徳を通行させる実践主体となることが期待される。その意味で、仁斎学のいう「人と天地との一体化」の担い手、すなわち「人倫世界の調和と充実」のための実践主体とは、あくまでも学問への取り組みによって形成されていく存在なのであった。

「拡充」説と「主忠信」説

だが、以上をもって仁斎の学問論の基本構造が論じ尽くされた、というわけにはいかない。仁斎の学問論には、上記①②の理解からは抜け落ちてしまっている重要な所論がもう一つ残されている。Ⅴで論じたように、仁斎は「性」「情」「心」など人の内在的能力に丹念な視線を投ずることでその学問論を組み立てたが、人の内在的能力として彼が「仁義」へのアプローチの起点と位置づけたものは、何よりも惻隠・羞悪・辞譲・是非の「四端の心」であった。「四端の心」が「心の本体」として、「人倫世界」を担う人の主体性の根拠とされたことも、すでに指摘した通りである。仁斎がその学問論の基軸としたのは「四端の心」の拡充であった。仁斎の学問論を吟味するには、この「拡充」説に関する論及を欠かすことができない。

それゆえ、ここで検討を加えるべきは、「学の根本」である「主忠信」説と、「心の本体」を充たすための「拡充」説との関係を、仁斎がどう理解していたのかという問題である。両者の関係については、注目すべき点が二つある。その一つは、仁斎は両者をともに「修為」として理解していた、ということである。仁斎の『語孟字義』には、「本体」および「修為」という言葉の意味に説明を加えた条が二箇所あるが、仁斎は一方で「修為とは忠信敬恕の類、是《これ》なり」（字義下・忠信五）と語り、他方で「其の修為よりして言う者は、四端の章、及び人皆忍びざる所有り之《これ》を其の忍ぶ所に達するは仁なり等の語の若《ごと》き、是《これ》なり」（字義上・仁義礼智四）と述べている。後者の「四端の章」云々が、後述する『孟子』公孫丑章句上・第六章、および同尽心章句下・第三十一章を指すこと、また、この二つの章を典拠として論ぜられたのが、孟子教説としての「四端の心の拡充」であることはいうまでもない。こうして仁斎は、「拡充」説を、「主忠信」説と同じく、学の営みに「実」の意味を与える行為実践たる「修為」として、自らの学問体系に位置づけたのである。

もう一つは、両者とも「仁」(「仁義礼智」)へと至る個々人の行為実践の基盤ないし起点に据えられている、ということである。すなわち彼は、「忠信」については「忠信を以て仁を行うの地と為《す》」(童上三十五)と論じ、「四端の心」については「四端の心を以て、仁義礼智の端本と為《す》」(字義上・四端之心一)と説いている。仁斎学において、「仁義礼智」へのアプローチとして、一方で「主忠信」がいわれ、他方で「四端の心の拡充」がいわれるのは何故なのかは、その学問論の構造や主体形成の論理を探る上で、論考を欠かすことのできない問題というべきである。

だが管見の限り、仁斎は両者の関係に対する直接的な言及を残してはいない。従って、私たちの側でこれを整合的に捉まえる以外に手立てはない。そのための手掛かりとして、筆者が着眼するのは次の仁斎の言葉である。

孟子の書は、万世の為《ため》に孔門の關鑰《かんやく》を啓く者なり。孔子の言は、平正明白浅きに似て実は深し。易きに似て実は難し。……孟子に至って、諄諄《じゅんじゅん》然《ぜん》として其の嚮方《きょうほう》を指し、其の標的を示し、学者をして源委の窮まる所を知らしむ。……嗚呼《ああ》孟子の書は、実に後世の指南夜燭《やしょく》なり。(孟古・総論、綱領)

つまり、孔子の教説は一見すると平易明白に感じられるものの、その内実は必ずしもそうではなく、その本旨を理解するには、孔子の教えをより分かりやすく敷衍した孟子教説を拠り所とする必要がある、というのである。これを本章での私たちの関心に引き寄せて解釈するなら、例えば、「忠信」が「自身の心を尽くして一切の偽飾を交えない」ことだというのは言葉の上では理解できるとしても、現実に様々なコンテクストが交差する複雑な人間関係や社会環境の中で「心を尽くす」や「偽飾を交えない」という行為実践を展開するのは決して容易なことではない。そもそも自分自身がそうした能力を持ち合わせているのかに、不安や疑念を抱くこともあるだろう。

それに対し、孟子のいう「四端の心の拡充」とは、後述するように、人は誰もが相手を思いやる心を有することを具体的に説き、身近な親・兄弟に自然に寄せることのできる思いやりの心を、徐々に疎遠な人々に波及させていくことを勧め促すもので、「主忠信」と同趣旨の道徳実践を、より一層平易な形で人々に示す意味をもっている。

仁斎の理解に従えば、孟子が儒学史上に果たした最も重要な役割とは、孔子が遺した教説を、より分かりやすい形に再構成することで、後世に伝えたことにあった。仁斎にとって、『孟子』の書は「論語の義疏《ぎそ》」（童上五）なのである。このような孔孟教説の関係を踏まえるとき、孟子の「拡充」説とは孔子の「主忠信」説の「義疏」として、すなわち「主忠信」説を分かりやすく解説し敷衍した教説として、理解することができるだろう。仁斎学において「主忠信」説と「拡充」説とは、同趣旨の思想内容を異なる表現を用いて説いたものといえ、中でも「拡充」説は、人々が「暗夜途《みち》を適《ゆ》く」ための「明燭」（孟古・総論、綱領）として位置づけられるものなのである。

「拡充」説の思想内容

前述したように、「拡充」説とは、『孟子』公孫丑章句上・第六章の「凡そ我に四端有る者は、皆《みな》拡めて之《これ》を充つることを知らば、火の始めて然《も》え、泉の始めて達するが若《ごと》くならん」、および、同尽心章句下・第三十一章の「人皆《みな》忍びざる所有り、之を其の忍ぶ所に達するは仁なり。人皆為《せ》ざる所有り、之を其の為《す》る所に達するは義なり」という孟子の言葉を主たる典拠として語られたものであった。仁斎の「拡充」理解は、前者に対する、

夫れ四端は吾心の固有する所にして、仁義礼智は天下の大徳なり。四端の心は微なりと雖も、然れども拡めて之《これ》を充つるときは、則ち仁義礼智の徳以て四海に放《いた》るに至る。（孟古・公孫丑上六、章注）

という注釈に尽くされている。その理解は、①人は誰もが「四端の心」を固有している、②「四端の心」は個人の次元で語られるものであり、またその発動も微弱なものであるにすぎない、③だが、「四端の心」はこれを「拡充」すれば、普遍的な「仁義礼智」に達することができる、ということを趣旨とするものであった。

このように、「拡充」説とは、個人的な「四端の心」から普遍的な「仁義礼智の徳」へと至る、各人の道徳実践の発展をいわば定式とする、鮮明な論理から成り立っている。だがその一方で、「四端の心」が拡充されて「仁義礼智の徳」に達するという場合の、「拡充」の含意については必ずしも鮮明ではない。例えば、「惻隠の心」が「拡充」されるとは、各人に固有する「他者を思いやる心」を、個人レベルの徹底した内省や様々な修養に基づいて、質的に深化させることを意味するのか、それとも、「思いやる心」を注ぐことのできる他者を量的に拡大させることを意味するのか、という問題について、仁斎は明確な言葉を残していない。だが、これを明らかにすることで、「惻隠」の心が「拡充」された結果としての「仁」の意味も、より鮮明なものとなるはずである。

では、この問題を仁斎はどう理解していたのか。「拡充」という営みの含意について、仁斎が自らの理解の直接的な拠り所としたのは、再三紹介する次の孟子の言葉であった。

人の学ばずして能《よ》くする所の者は、其の良能なり。慮《おもんばか》らずして知る所の者は、其の良知なり。孩提《がいてい》の童《わらべ》も、其の親を愛することを知らざるは無く、其の長ずるに及んで、其の兄を敬することを知らざるは無し。親を親しむは仁なり。長を敬するは義なり。他無し、之を天下に達《おしおよ》ぼすのみ。（『孟子』尽心章句上・第十五章）

仁斎はこの文言に、「親に親しみ兄を敬するは己《おの》が私《わたくし》に似たりと雖も、然れども能《よ》く斯《こ》の心を天下に達して至らずという所無きときは、則ち仁義なり」（孟古・尽心上十五、小注）との注釈を与えている。すなわち、二、三歳の子どもでも親を愛することを知らない者はなく、成長した後に兄を敬うことを知らない者はいない、との孟子の教えを十分に酌み取りながら、親を愛し兄を敬うことは個人的な私事にすぎないように見えるかもしれないが、この心を天下に達するとき、それが仁義の徳になる、というのである。仁斎のいう「天下」の含意が「人倫世界」にあったことを踏まえれば、ここでいわれる「拡充」とは、各人が固有する「良知良能」を、多様な人倫関係に推し及ぼしていくことと理解することができる。

さらに仁斎は「拡充」の含意を、孟子の「人皆為《せ》ざる所有り、之を其の為《す》る所に達するは義なり」（『孟子』尽心章句下・第三十一章）という文言にある「達する」や、「仁者は其の愛する所を以て、其の愛せざる所に及ぼす」（『孟子』尽心章句下・第一章）という文言にある「及ぼ

す」という言葉に見出し、それぞれに、

> 達とは拡充の謂《いい》。……所謂《いわゆる》仁者は其の愛する所を以て、其の愛せざる所に及ぼす、是《これ》なり。仁義とは、即ち此《こ》の心を拡充して至らずという所無し。（孟古・尽心下三十一、小注）

> 及字は、……拡充の功を謂う。所謂《いわゆる》吾が老を老として、以て人の老に及ぼし、吾が幼を幼として、以て人の幼に及ぼす、是《これ》なり。（孟古・尽心下一、小注）

との注釈を施している。「其の愛する所を以て、其の愛せざる所に及ぼす」とは、通常「親しい人々への愛を、疎遠な人々にもおし及ぼそうとする」と解釈されるが、「吾が老を老として、以て人の老に及ぼし、吾が幼を幼として、以て人の幼に及ぼす」（『孟子』梁恵王章句上・第七章）もまた、自分にとって身近な人間に対して抱く親愛の心を、疎遠な人間にまで推し及ぼしていくことと解される言葉である。

　こうして仁斎は、「達する」や「及ぼす」という言葉を、惻隠・羞悪などの内的な良心を、身近な存在から疎遠な存在へと推し及ぼしていくことと理解する。ここに、仁斎の説く「拡充」説の内実が、いわば人々の内的な良心を起点として相互に結ばれていく人倫関係の量的な拡がりに求められたことが示されている。「其の愛する所を以て、其の愛せざる所に及ぼす」ことによって、あるいはまた「吾が老を老として、以て人の老に及ぼし、吾が幼を幼として、以て人の幼に及ぼす」ことによって、人と人との間に互いの良心によって結ばれた人倫関係のネットワークが張り巡らされていく。「拡充」とはまさに、「相手を思いやる心」を身近な存在から徐々に疎遠な存在へと推し及ぼすことによる、人倫関係の量的拡大を意味したのである。[2]

また、この点に仁斎学の道徳観の一特質が認められることに、改めて注目しておきたい。例えば、「徳の長」（童上三十九）たる「仁」に対する、

> 親を親とするより之《これ》を充てて、朋友郷党所識《しょしき》疎薄の人に至るまで、慈愛の心、周遍浹洽《しゅうへんしょうこう》、底《いた》らずという所無《の》うして、一毫《いちごう》残忍忮害《しがい》の念無き者、之を仁と謂う。（童中六）

という定義には、「仁」とは慈愛の心をより広汎な人々へと推し及ぼしていくことを指し、そうして我と人との間に結ばれる親愛の関係が最も身近な父母兄弟の関係のようなものになることを指す、との理解が示されている。「仁」が個人の内部にて自足的に存立するものではなく、あくまでも人と人との人倫関係において成立するものであることに象徴されるように、道徳とは一個人の自己充足的実践ではなく、人と人との関係の中で推し進められる社会的行為実践に

よって成り立つものと理解されているのである。

朱子学説との対比

なお、仁斎の「拡充」説は、朱子学の理解する「拡充」とその意味内容を大きく異にしている。仁斎の「拡充」説の思想的特質をより鮮明なものにするために、ここでこの問題を一瞥しておく。端的にいえば、朱子学は「四端の心の拡充」の意味を、

惻隠・羞悪・辞譲・是非は、情なり。仁・義・礼・智は、性なり。……端は、緒なり。其の情の発するに因りて、性の本然《ほんぜん》得て見る可し。……其の本然の量を充満することを知らば、則ち其の日に新たに又新たに、将《まさ》に自ずから已む能わざる者有るべし。[3]

と説く。つまり、人の「性」は予めその本然の量が定められているが、「四端」とは、「性」の本然量を知るための糸口だとされている。従って、朱子学において「拡充」とは、天が初めに賦与した「性」の本然量を満たすことを意味したのである。

それに対し仁斎は、「拡充」の意味を次のような比喩を用いて説明する。

一把《いっぱ》の薪《たきぎ》は以て一升の米を炊《かし》ぐ可《べ》くして、以て一斗の米を炊ぐこと能わず。十把の薪は以て一斗の米を炊ぐ可くして、以て一石の米を炊ぐこと能わず。……一把の薪は一斗の米を炊ぐこと能わず、十把の薪は一石の米を炊ぐこと能わざるは、性分の及ぶ所に非ざるを以てなり。苟も風に向《むこ》うて火を吹き薪を添えて之を助くるときは、則ち一片の火寸《かすん》以て宮を燬《や》く可く、一点の野火《やか》以て原《はら》を燎《や》く可し。其の勢い爀《かっ》々烈《れつ》々遷延《せんえん》回転撲《う》ち滅ぼす可《べ》からず。是《こ》れ豈に一把の薪の力ならんや。（童上二十一）

すなわち、「拡充」とは一把の薪の火勢の拡がりになぞらえうるもので、例えば、一把の薪は一升の米を炊くことはできるが、一斗の米を炊くことはできない。また、十把の薪は一斗の米を炊くことはできるが、一石の米を炊くことはできない。これが薪一把分や十把分のいわば分限である。だが、一把の薪の炎であっても烈風の助けがあれば宮殿を焼き尽くし、平原を焼き払うことも可能となる。それと同様に、「四端の心」もその固有の働きだけではそれが及ぶ範囲には自ずと限界があるが、それを「拡充」することによって、その固有の能力をはるかに超えて推し拡がっていくことが可能だというのである。

この比喩を用いるならば、上述の朱子の論理では、一把の薪で一升の米を炊くことが「拡充」となる。なぜなら、一把の薪には一升の米を炊くことができるという分限（本然量）が予め定められているからであり、天から与えられたその本然量を充たすことが朱子学のいう「拡充」だからである。それに対し、仁斎のいう「拡充」とは、風に向かって火を吹きおこして一把の薪の火勢を助けることを意味するが、この場合、一把の薪の力はその固有の能力をはるかに超え出て、広大な平原を焼き払うこともできるようになる。この一把の薪の力をはるかに超えた火勢の拡がりが「拡充」の含意なのであり、その「拡充」へと人々を誘うものがまさに学問なのであった。ここには、学問の意味を、天与の「性」に復帰することに見出そうとする朱子学の立場と、その意味を、内なる「性」（四端の心）を拡充して外なる「徳」（仁義礼智）に到達することに求めようとする仁斎学の立場との相違が、如実に反映されている。

「道」の親近性と無窮性

以上のように、仁斎のいう「拡充」とは、各人固有の「四端の心」をより広汎な人倫関係に推し及ぼしていくことを意味したが、「拡充」説のこのような論理を注視することで、仁斎学における「道」（や「徳」）の性格もより鮮明に把握することが可能となる。その性格とは、「道」が、一方で各人にとって実に身近なものでありながら、他方で永遠に窮まりないものであるという、複雑な両義性のことをいう。

すでに述べたように、仁斎は、「性」や「心」を個人的所有の次元で語られるものとし、「道」

や「徳」を天下に通行する次元で論ぜられるものとする。この天下を、敢えて最も狭い空間としての一対一の対人関係の世界において論ずるなら、例えば、この二人はそれぞれに「惻隠の心」を所有している。ただし、それは「心」として語られるものであるにすぎない。だが、両者の「惻隠の心」が相手に注がれ、互いがこの「心」で結ばれたとき、両者の「惻隠の心」は「仁」へと「拡充」される端緒を開いたと見ることができる。もちろん、「仁」を一対一の対人関係のみで理解するのは乱暴である。[4]「道」を生々已まざる運動としてとらえる仁斎学にあって、「仁」とは人倫関係の動態的な拡がりを意味するものであって、固定的な対人関係において理解されるものではないからである。だが、敢えてこれを人倫の最小単位にてとらえようとするなら、一人の「惻隠の心」と一人の「惻隠の心」との結びつきをもって、「仁」の起点と理解することは許されるであろう。

　要するに、人と人とが「惻隠の心」で互いに結ばれるとき、この心はすでに「仁」へと向かう拡充の歩みを進めたことになるのである。人と人とが「四端の心」をもって相互に結ばれるということは、同時に「四端の心」が拡充されて「仁義礼智の徳」へと発展することを意味しているのである。仁斎が、『孟子』離婁章句上・第十一章の「道は近きに在り、而るに諸《これ》を遠きに求む。事は易きに在り、而るに諸を難きに求む。人人其の親を親とし、其の長を長として天下平らかなり」という言葉に着目して、

親を親とし長を長とす、亦《また》彝《い》倫《りん》に在って最も近きと為《す》れば、則ち豈に近き且つ易きに非ずや。（孟古・離婁上十一、小注）

と論じたのも、また、

人の外《ほか》に道無く、道の外に人無し。人を以て人の道を行う、何んの知り難く行い難きことか之《これ》有らん。（童上八）

と高唱したのも、自分のもつ「四端の心」を他者（とくに身近な人）に推し及ぼしていくことの分かりやすさと行いやすさを念頭においたことであった。仁斎が、「道」のことを「知り易く行い易く平正親切なる者」（童上五）といい、「人倫日用の間に出でず」（童下五十一）といって、その親近性を強調するのもこのためであった。

ただし、その一方で、このように「心」（個人）から「道」（人倫世界）へと至るアプローチに基づいて、個人の「心」を身近な人間に及ぼすことだけでもって直ちに「道」が完成されたとするわけにはいかない、ということにも注意を要する。なぜなら、「其の愛する所を以て、其の愛せざる所に及ぼす」（孟古・尽心下三十一、小注）といっても、「其の愛せざる所」にはまさに無数ともいうべき人々が存在するはずであり、その無数の人々との間にすべて「四端の心」で結ばれた人倫関係を構築することは、現実的には至難の業というべきだからである。「道」とは、個々人の「四端の心」が「仁義礼智」へと拡充され、その「仁義礼智」が「人倫世界」の中を行き交って、「至らずという所無く、達せずという所無」（童上四十三）きことを意味するが、その到達地点は、これを永遠に固定化することができない。仁斎が、「天下の道は窮まり無し」（童上二十一）と論ずるのはこのためである。「知りやすく行いやすい」ものでありながら、その到達地点を見極めることができないという「道」の性格が、それを担う人々に不断の「拡充」の営みを要請している、と見ることもできるのである。

Ⅷ——仁斎学における「儒学的主体」の含意

「自律的主体」への視線

仁斎は、「道」が窮まり無いものであるということを十分に自覚しながら、その無窮の人倫関係を「仁義礼智」でとり結ぶ行為実践を一人ひとりに期待した。仁斎によれば、「天」は万人に均しく「四端の心」を賦与した。この心は、天子や諸侯など一部の人々だけに与えられたものではなかった。これは、「天」は「人倫世界」の担い手としての役割を「聡明叡智の徳」を有する一部の人間だけに期待したわけではなかったことを物語っている。ただし、「天」が万人に授けた「四端の心」も、その心のままで「人倫世界」が担われていくわけではなかった。「天」は、人々にその心を拡充するという行為実践を求め、そうした努力行為を「人倫世界」の調和と充実のための必須の前提に据えたのである。

上記の仁斎の立論からは、様々な思想的意義を読み取ることができる。とくに仁斎が「人倫世界」の調和・充実の担い手を、基本的に万民に認めたことが注目されるが、このことは後述することにして、筆者がここでまず取り上げようとするのは、仁斎が人の道徳実践を、主体的・自律的なものととらえていたことの意義についてである。

人の道徳実践において、仁斎がとくに強調したのは、「自取の道」（六四頁）ということであり、また「立志」（二〇二頁）ということであった。すなわち、仁斎は「天道」たる「必然の理」と、「人道」たる「自取の道」とを対比させ、人がなすべきは自ら関与することのできない「必然の理」ではなく、主体的に選び取っていく「自取の道」であることを力説した。自らの生の営みを充実させるには、すべてを「必然の理」に委ねるのではなく、まさに「自取の道」たる行為実践に努めるべきことを訴えたのである。また彼は、人には「善を求める」内発的な心の働きがあることを認め、その働きのことを「志」と呼んだ。そして、「志」を立てることの意義を強調し、「立志」こそが「人が天地と一体化する」ための起点であるとまで論じていた。これら「自取の道」や「立志」の強調は、「学」における主体性・自律性を基調に掲げる仁斎学の立場を最も象徴的に言い表している。

ただし、仁斎学における主体性・自律性とは、人の道徳行為に対する単純な実践的要請として、すなわち単に自ら率先して「善」を追い求めるべきことへの要請として、語られているものではない。その所説には、人々を自律的主体へと誘うための周到な思想的方略が組み込まれていた。以下、その方略の枠組みを描出してみよう。

「自律」と素質

第一に、仁斎は、人には誰にでも「善」に向かう素質(「四端の心」)が具わっていると説きながらも、その働きは微弱であるとし、そして微弱であるからこそその素質を発展・充実させる役割を個々人それぞれに期待した。人が主体的・自律的に「善」に進むには、その素質がなければならない。しかし、その素質が十全なものであれば、人はそれを自力で養う必要がない。そうした問題を、仁斎は「四端の心」の固有とその拡充の必要を説くことで克服しようとしたのである。

このような仁斎の主張の趣旨を理解しようとするとき、やや唐突ながら、筆者が想起するのは、次のようなカント(I. Kant, 1724-1804)の所論である。

創造主である神はたとえばこう人間に語りかけるであろう!――「私は善に向かうあらゆる素質をきみにあらかじめ賦与しておいた。この素質を発展させるのはきみの義務であって、それゆえきみ自身の幸および不幸はきみ自身にかかっているのだ。」人間は、その善に向かう素質をまず第一に発展させなければならない。つまり、神の摂理はこの素質をすでに完成した状態で人間の内部に置きいれたわけではない。すなわち、それは〔まだ〕たんなる素質にすぎないのであって、道徳性の区別を持っていないのである。自己自身を改善すること、自己自身を教化すること、そしてみずからが〔道徳的に〕悪である場合には自己自身で道徳性を身に付けるようにするということ、これらが人間の行うべき義務なのである。」

もちろん、ここで筆者がカントの所論を引くのは、西洋近代思想に類似する思想を仁斎学の内部に発見しようとする関心に立つものではない。カントのいう「創造主」や「神」と、仁斎の考える「天」とを単純に同一視したり、カントの説く「善に向かう素質」の中に仁斎の論ずる「四端の心」を読み込もうとしたりするのは、あまりにも強引な解釈というべきだからである。筆者が、ここでカントの言葉を想起したのは、カントが人間の素質のありようというものに人間の自律性の契機を見出していたこと――つまり、神は人間に敢えて不完全な素質しか与えなかったが、それは、その素質を養い育んでいく自助的努力を人々に期待したからだということ――が、仁斎の思考様式の基本的枠組みを理解するための重要な補助線となりうる、と考えたからである。少なくとも、「善」に向かう素質が微弱であるからこそ、人にはその素質を自力で発展・充実させることが求められる、という仁斎の思考様式は、カントの立論を参照することで、より鮮明な構図をもってこれを捕捉することができるだろう。

「自律」と普遍的価値

第二に、しかしながら、主体的・自律的といっても、その「学」の営みは完全に一切の前提や制約なしに行われるものではなかった。むしろ、それは絶えず聖人の教えに「由る」こと、すなわち道徳の本体としての「仁義」に「由る」ことを必須の要件とするものであった。つまり、仁斎の理解する主体性や自律性とは、個々人の内発的で能動的な行為実践として意味づけられるものであったが、その行為実践において目指されるのはあくまでも「仁義」という普遍的価値なのであった。

もちろん、そうした普遍的価値の存在を前提に据える限り、それを追求する営みに主体性や自律性という表現を用いるべきではない、という議論もありうるだろう。普遍的価値の存在は、それに向かおうとする人々の営みを容易に追随的・他律的なものに転換させてしまうからである。だがその一方で、仁斎の説く主体的・自律的行為実践は、「仁義」という普遍的道徳の存在を前提とし、絶えずそれに「由る」ことを要請することで、それが単なる主観的・独善的営為に陥る危険性から逃れることができた、とする理解もありうる。仁斎は、実践主体の主体的・自律的な道徳的営為を意味する「主忠信」や「四端の心の拡充」を説きながら、その営為が普遍的道徳である「仁義」を常に指標とするものであることを求めたからである。

仁斎が、「七十にして心の欲する所に従えども矩《のり》を踰《こ》えず」（『論語』為政第二・第四章）という孔子の所述に対して行った、「其の心の意欲する所に随いて、自ずから法度に過《あやま》らず。言《いふこゝろ》は道と我と一にして、声《こえ》律を為《な》し、身《み》度を為す」（論古・為政四、小注）という注釈は、各人の主体的・自律的道徳実践の境地を「自己と道徳との一体化」に据え、その意味で個人の学的営為の到達地点を普遍的世界に認めようとする仁斎学の思想的立場を鮮明に言い表している。自律性の問題が主体自身の内部に閉ざされていくのではなく、人倫関係から成るより広汎でより普遍的な世界へと開かれていくのである。

この点において、これもやや唐突であることを承知の上で、筆者はやはりカントの、「君の意志の格律が、いつでも同時に普遍的立法の原理として妥当するように行為せよ」[2]という命題と、カントのいう「自律」概念がこの命題に基づいて組み立てられていることを想起することができるように考えている。

もとより、仁斎の所論に示される「自律」を、西洋近代の啓蒙思想を通して語られてきた理性的存在者の自由な自己立法としてのそれと、同一文脈で理解しようとするのが乱暴にすぎることはいうまでもない。仁斎の説く「忠信」（ないし「四端の心」）とカント学説の「理性」とを単純に対照させたり、儒学思想の「仁義」概念にカント哲学で想定される普遍的立法を読み込んだりすることも、あまりに強引な論法というべきである。だがそれにも拘わらず、人の「自律」というものが、根源的には、何らかの普遍的価値の存在を要請するものであるならば、仁斎の立論とは、「自律」の問題を儒学の思想的枠組みの内部において最大限に引き出そうとする試みであった、と評することは許されるであろう。

「自律」と自得

第三に、人々の学的営為は絶えず「本体」に由ることが求められながらも、その営為に「実」の意味を与える「修為」の実践は、外からの強制や干渉に基づいて行われるものではなく、あくまでも各人の「自得」を本旨とするものであった。聖人の教えとは、各人の主体的・自律的な行為実践を支援するために立てられたものとされたのであった。

例えば、仁斎は、孔子教説の趣旨について、次のように評している。

> 蓋し聖人の人を教うるや、開導誘掖《かいどうゆうえき》、薫陶涵育《くんとうかんいく》を以て本《もと》と為《し》て、束縛羇紲《そくばくきせつ》、矯揉鞭策《きょうじゅうべんさく》を以て事と為《せ》ず。諸《こ》れを樹を種《う》るに譬う、幹を屈《ま》げ枝を蟠《めぐ》る者は、其の観を悦ぶに足ると雖も、然れども其の材を達するを見ず。岑蔚《しんい》の間に生ずる者は、人力を煩わさず、自ずから棟梁《とうりょう》の材有り。所謂《いわゆる》時雨《じう》の之《これ》を化するが如き、是《こ》れなり。夫子の童子に於ける、其の材を長育せんと欲して、強いて之を成すことを欲せず。(論古・憲問四十七、論注)

すなわち、樹木の世話になぞらえれば、外側から強制的に枝や幹の形を整えた樹木は外観がどれほど美しくとも実際の用材には適さないが、山林で自然に育った樹木は人の手を煩わさずとも無理なく用材に供することができる。これと同様に、聖人の「教」もまた外側から強制的に人間を形づくろうとするものではなく、自然な感化によって人間を成長へと誘い、導こうとするものだ、というのである。

あるいはまた、孔子立教の中心教説である「主忠信」についても、

蓋し道の広大、何れの所にか執《と》り守らん。故に唯《ただ》忠信を主とすることを要して、強いて為すことを要せず。忠信を主とするときは、則ち中《あた》らずと雖も遠からず。強いて為すときは、則ち外《そと》似て内《うち》実は非なり。聖人の道、優優洋洋《ゆうゆうようよう》、促迫《そくはく》することを得ず、牽強《けんきょう》することを得ず。（童下二十五）

と述べ、「主忠信」とは各人の内発的・能動的な行為実践であることを前提とするものであって、「促迫」「牽強」などの強制を加えると「外《そと》似て内《うち》実は非」なるものに堕すると指摘するのである。

さらに、仁斎の理解に従えば、そもそも聖人の教えとは「知りやすく行いやすい」ものとし

て立てられており、一部の明敏な学び手に限られることなく、基本的に、万人の主体性や自律性を喚起する性格を備えているものであった。それゆえ、その主体性・自律性を妨げるものは、「道」を高遠にして「知りがたく行いがたいもの」と決めつけてしまう学び手の側の思い込みにあるのであった。それについて仁斎は、

> 聖人の教《おしえ》を設くるや、人に因って以て教を立てて、教を立てて以て人を駆らず。亦た何んの遠きことか之《これ》有らん。第《ただ》道を知らざる者は、自から以て高きと為《し》美《よ》しと為て、天に升るが若《ごと》しと為《す》。故に道を視ること甚だ遠くして、人益《ますます》入り難し。（論古・子罕三十、大注）

と論じている。要するに、聖人は絶えず「道」が身近な人と人との関係の内に所在することを説いており、それゆえ、聖人の教えとは「人に因って以て教《おしえ》を立て」るものであって、決して「教を立てて以て人を駆」るものではない、というのである。

また、衆庶人にとって学問の営みとは、往々にして日常の生活課題と懸隔する事柄を取り扱うもののように見え、ともすればそれを理由に学問を敬遠してしまう傾向が看取されるが、そのような問題に対しても、仁斎は、

蓋し学者の道に進む、其の初め学問と日用と杆格齟齬《かんかくそご》して、相入ること能わず。真積み力《つと》むること久しく、自ら得る所有るに及ぶときは、則ち向《さき》に之《これ》を視《み》て以て遠しと為《す》る者は、今始めて近きことを得、向《さき》に之を視て以て難しと為る者は、今始めて易きことを得、漸次《ぜんじ》近前《きんぜん》して、学問に非ざれば楽しまず、学問に非ざれば言わず、其の愈《いよいよ》熟するに及んで、殆んど布帛菽粟《ふはくしゅくぞく》の須臾《しゅゆ》も離る可《べ》からざるが如し。（童中六十二）

と述べ、時間を重ねた取り組みを通して「自得」に至ったなら、学問の内容が身近で平易なものであることが了解され、「学問に非ざれば楽しまず、学問に非ざれば言わず」という心境に到り、ついには学問が衣服や常食と同様に日常生活に必須のものと実感される境地に、誰もが到達することができる、と強調する。

以上のように、仁斎にとって聖人の教えとは、あくまでも人々の学的営為を勧めたり導いたりするものであって、決してその営為へと人々を抑え込んだり強制したりするものではなかった。さらにまた、聖人の教えは、人々にとって身近で知りやすく行いやすいものでありながら、そこに普遍的価値が見出されるような行為実践から成るものであった。「人に語って知り難き者は善教に非ず。人を導いて従い難き者は善道に非ず。聖人の道は君臣父子夫婦昆弟朋友の間に在って、徳は仁義忠信の外《そと》に出《い》でず。古今に通じて変ずる所無く、四海に準じて違《たが》う所無し」（童上二十七）とは、仁斎のこの認識を表明したものである。

儒学的主体への視角

仁斎は「道」の担い手とは、まさにその行為実践を主体的・自律的に推し進めていくことのできる存在であると説いた。しかもその所説は、衆庶人をも含め込んで、誰もが「道」の実践主体たりうると措定する思想的枠組みを有していた。この点に、仁斎学の説く「儒学的主体」の特質を認めることができる。

もちろん、元来、儒学思想には学び手の主体性・自律性を尊重する論理が組み込まれていた。その論理の重要な出所の一つに、孔子の、

> 憤《ふん》せずんば啓せず、悱《ひ》せずんば発せず、一隅を挙ぐるに三隅を以て反《かえ》らざれば、則ち復《また》せざるなり。（『論語』述而第七・第八章）

という所述を挙げることができる。この言葉は、「啓発」という熟語の由来とされることでも知られるが、朱子はこれに「憤・悱を待たずして発すれば、則ち之を知ること堅固たること能わず、其の憤・悱を待ちて後《のち》発すれば、則ち沛然《はいぜん》たり」[3]との注釈を与え、学の営みとは本来的

に、学び手の側の内発的な学びへの意欲を前提とするものであるとの理解を示している。また、荻生徂徠も「憤せずんば啓せず、悱せずんば発せずとは、かの生ずるを竢《ま》つなり。……生ずればここに禦《とど》むることなし。外より鑠《しゃく》するに非ざるなり」[4]との解釈を与え、学の営みとはそれが内発的なものであってはじめて持続的に発展する、との認識を提示している。

だが、朱子学説は、論理上はともかく、実際上は「性」の本体たる「心」を修めうる一部の優れた人間のみが主体的・自律的存在としての資格を有するものとして理解された。多かれ少なかれ混濁した「性」を具有する一般人のすべてが、その「性」を醇化するというのは、非現実的なことと見なされたからである。また徂徠学では、実際上、学における主体的・自律的存在とは武士身分以上の人間に措定されていた。一般庶民とは、為政者が良俗を形成することで、その慣習に馴染ませるべき存在だと理解されたからである。

これに対し、仁斎学は、学とはその内容が「知りやすく行いやすい」ものであることを高唱することで、一般庶民の内発的な学への意欲を喚起し促進する方略を組み立てた。仁斎が、広く衆庶人を読者として著した『童子問』において、その開巻複数章を、『論語』『孟子』二書をもって「平正親切の書」（童上一）と論じ、聖人の道を「知り易く行い易し」（童上十一）と説くことに充てたのも、この方略に基づくことであった。あるいは、

> 卑近を忽《ゆるがせ》にする者は、道を識《し》る者に非ず。夫れ大地を察するや、天下地より卑《ひく》きは莫《な》し。然れども人の蹈《ふ》む所地に非ずということ莫し。……惟《これ》天も亦《また》然り。人惟《これ》蒼蒼《そうそう》の天を知って、目前皆《みな》是れ天なることを知らず。天は地の外を包む。地は天の内に在り。地以上皆天なり。左右前後も亦《また》皆天なり。（童上二十四）

と説いて、「地」も「天」もそれ自体が足元や目前に所在するとの主張を展開したのも、

> 仁は……畢竟《ひっきょう》愛に止まる。愛は実徳なり。愛に非ざるときは則ち以て其の徳を見ること無し。（童上四十五）

と、「仁」が人々にとって最も自然にして身近な感情である「愛」から生ずると確言したのも、やはりこの方略に基づくことであったと理解することができるのである。[5]

儒学的実践主体と「天下公共」

こうして仁斎は、「道」とは人々の日常の生活空間の中に所在するものであり、誰もがそれを実践することのできるものとした。この「道」が、人と人との人倫関係を取り結ぶ通路を指

すことは繰り返すまでもないが、それは万人によって担われ支えられるものとした。「人倫世界」を形成する実践主体であることが、万人に求められたのである。

仁斎は、孟子の「道は大路の若《ごと》く然り、豈に知り難からんや」（『孟子』告子章句下・第二章）との言葉を踏まえて、

所謂大路とは、貴賤尊卑の通行する所、……上《かみ》王公大人自《よ》り、下《しも》販夫馬卒跛奚瞽者《はけいこしゃ》に至るまで、皆此《これ》に由って行かずということ莫《な》し。唯《ただ》王公大人行くことを得て、匹夫匹婦行くことを得ざるときは、則ち道に非ず。賢知者行くことを得て、愚不肖者行くことを得ざるときは、則ち道に非ず。（字義上・道三）

と述べ、「道」とは、身分の上下や賢不肖の違いなどを超えて、誰もが通行するものであることを強調する。まさに、「一人之《これ》を知って、十人之を知ること能わざる者は、道に非ず。一人之を行うて、十人之を行うこと能わざる者は、道に非ず」（論古・総論、綱領）なのである。仁斎が、「子女臧獲《ぞうかく》の賤、米塩柴薪《べいえんさいしん》の細に至るまで、大凡《おおよそ》耳目に接《まじわ》り、日用に施す者、総て是れ道に非ずということ莫《な》し。俗の外《ほか》に道無く、道の外《ほか》に俗無し」（童中六十二）と、「道」の所在が「俗」にあると論じたのも、あるいは「人情とは、天下古今の同じく然る所……若《も》し夫れ道

を人情の外に求むる者は、実に老仏の尚《たっと》ぶ所にして、天下の達道に非ざるなり」（論古・子路十八、論注）と、「道」と「人情」との相即を説いたのも、このためであった。

さらに、仁斎は人々が「道」を実践するための不可欠の要件である学問についても、

> 若《も》し夫れ孝弟忠信の人は、天下皆《みな》以て善と為《し》、皆以て美と為て、敢えて譏《そし》る者無し。此《こ》れ即ち是《こ》れ学。此《これ》を外《ほか》にして更に所謂《いわゆる》学問という者無し。村甿野夫《そんぼうやふ》、商販《しょうはん》奴隷の賤しき、或いは孝友廉直《れんちょく》、天性に出で、士人の及ばざる所の者有り。或いは学問に由らずして、信義遜譲《そんじょう》、澹泊《たんぱく》自治して、慷慨《こうがい》義に赴く者も、亦《また》往往之《こ》れ有り。此れ反《かえ》って是れ学問の基本、所謂学問という者は、此《これ》を充つるのみ。（童上二十九）

と説き、それが「孝弟忠信」を根本とし、その拡充を本旨とするものである限りにおいて、士庶人の身分差や気質の相違に関わらず、すべての人に開かれているものであることを力説する。万人が「道」の実践主体であるということは、万人が「学」の担い手であることを意味するのである。

以上のような、「天地」すなわち「人倫世界」とは、そこで生を営むすべての人々によって担われるべきものであるとの認識は、そうした「人倫世界」のありようこそが「天下の公道」

であるとの思想を引き出していく。仁斎の、

夫れ道なる者は天下の公道なり。善なる者は天下の公善なり。故に道を知る者は、善を以て己《おのれ》に私《わたくし》せずして、必ず人と同じくす。其の天下の善は、己の得て私する所に非ざるを知ればなり。（孟古・公孫丑上八、章注）

との所論に、その趣旨が集約されている。ただし、ここでも注意を要するのは、「天下の公道」といい、「天下の公善」といい、その由来はいずれも天子・諸侯の治世や経綸のありようにではなく、「人心の同じく然る所」（童上二十九）に求められている、ということである。仁斎は、為政者の政治のありようによって一時的に国家社会に秩序がもたらされる場合のありうることを否定しない。だが、仁斎はそれを「道」ではなく「権」と理解する。「人心の同じく然る所之《これ》を道と謂い、一時の宜しきを制する之を権と謂う」（孟古・梁恵王下八、大注）や、「権とは一人の能くする所にして、天下の公共に非ず。道とは天下の公共にして、一人の私情に非ず」（字義下・権四）などの言葉がそれを指し示している。

凡そ天下を治めんと欲する者は、当《まさ》に天下の人と共に之《これ》を治むべし。一国を治めんと欲す

る者は、当に一国の人と共に之を治むべし。一家を治めんと欲する者は、当に一家の人と共に之を治むべし。（論古・子路二、大注）

との所述のように、一家は家中の人すべてが、一国は国中の人すべてが、天下は天下の人すべてが、これを治めるというのが「道」の意味するところなのであり、そうした「道」が実現されることが、「人倫世界」の調和と充実の本旨なのである。

繰り返しになるが、万人が「天地」すなわち「人倫世界」の調和と充実を担う実践主体であるとの仁斎の認識は、万人によって支えられる「人倫世界」に「天下公共」の意味を見出す独自の思想を用意した。「道」は万人のものであり、「学」も万人のものなのである。仁斎が、公家・豪商・豪農・医師・仏者など京都の上層階層の文化環境の中に身を置いていたが故に、すなわち、少なくとも学術・文化の側面においては社会を牽引する役割を演ずる人々との人的交流の中で生を営んでいたが故に、主体的な行為実践に基づく社会形成という論理を組み立てることができた、という見方は否定できない。とはいえ、町人儒者として絶えず被治者の側にあった仁斎にとって、儒学の営みを「天下の公共」に開放することは、自身の学問的矜持に由来することなのではなかったか。

「天地」の調和と充実とは、為政者による「権」ではなく、「人心の同じく然る所」に基づく

「道」によってこそもたらされる、との仁斎学の根本的主張には、いわゆる社会形成とはすべての人々がその担い手であるとともに、実践主体たるすべての人々の人倫的な連鎖・連環こそが社会形成の最も本質的にして現実的なありようだとする論理を見出すことができる。仁斎学における「天人合一」とは、個々人がそれぞれの学的営為を通して、人倫関係の調和と充実に努めること、そうして「人倫世界」の全体に「仁義」で結ばれた強靱なネットワークが張り巡らされていくことに、その最も本質的な意味が与えられていたのである。

後序――仁斎学における「天人合一」の論理とその思想史的意義

仁斎学における「天人合一」

重複を恐れず、前章までの論考を短く振り返ることで、仁斎学における「天人合一」の論理を確認しておこう。

第一に、仁斎は「天地」のことを「人倫世界」と読み替えた。仁斎にとって、人が人としての生を営むべき舞台は「自然世界」には存在せず、専ら「人倫世界」に見出された。「天地」とは、少なくとも人が「自取の道」を選び取ろうとする限り、日月・星辰の運行、時間・季節の推移や様々な生命の営みが展開されている世界ではなく、君臣・父子・夫婦・兄弟・朋友の関係から成り立っている人倫日用の世界のことを指すのであった。

第二に、仁斎はこの意味での「天地」に調和と充実をもたらす役割を、天子・諸侯などの社会の上層にある人々や卓絶した徳の持ち主といった一部の人々に委ねるのではなく、基本的に万民に期待した。それは、人は誰もが天与の「四端の心」に基づいて、「天地」を担う能力を有していると理解されたからであった。

第三に、ただし「天地」の調和と充実を担うためには、天与の「四端の心」の働きのままでは不十分であり、それは学問によって「拡充」させられなければならなかった。仁斎学において「天人合一」の担い手とは、地位や身分、才能や境遇などによって定められるのではなく、まさに学問への取り組みによって形成されるのであった。

第四に、その学問とは、「道」の真義への知を獲得する「本体の学」と、個々人による「道」の行為実践としての「修為の学」とに大別された。ただし、「天地」の調和と充実を実質的に担う学問の営みは「修為」に求められ、中でも「忠信を主とする」という孔子教説が「学の根本」と理解された。

第五に、仁斎は、万民による「天人合一」の実践可能性をより確かなものにするため、「忠信を主とする」という教説に加えて、それを孟子が再定義した「四端の心の拡充」という教説の学的意義を強調した。仁斎は、人は誰もが「相手を思いやる心」を固有しており、その心を身近な人々から徐々に疎遠な人々へと推し及ぼしていくという「知りやすく行いやすい」教説に、衆庶人も「天人合一」の担い手たりうるとするための思想的な拠り所を見出したのであった。

第六に、「人倫世界」の調和・充実とは、それを担う主体による能動的・自律的な行為実践によって、その実現が期された。仁斎は、為政者による一時的な社会の秩序形成としての「権」と、「人心の同じく然る所」に基づく社会形成としての「道」とを対比させ、後者の「道」の実現には万民が「人倫世界」の構成に参画することが必須の要件であると説いた。ここに「天地」というものを一つの政治的世界として見るのではなく、まさに人倫的世界として読み取ろうとする仁斎学の最も重要な思想的特質を認めることができる。それゆえ、仁斎が説く「天下の公共」や「天下の公道」とは、政治的文脈（為政者によって統括された秩序形成）ではなく、人倫的文脈（人と人との人倫的結びつきの連鎖）において、これを理解しなければならない。

こうして仁斎は、儒学思想の核心をなす「天人合一」という立論を、万人が学問に取り組むことで「人倫世界」を担うに足る実践主体となること、として再定義した。仁斎の学的関心が、「道」とは何か、あるいは、「道」とはどのようにすれば実現できるのか、に向けられていたことは疑いない。またその「道」という言葉に基づいて、個々人の人としてのありように留まらず、世の中全体の調和や充実のありようを考えていたことも間違いない。その点で、仁斎もまた儒者全般とその学的関心を共有していたといえる。

仁斎学の思想的特質

ただし、仁斎はその「道」というものを、人と人との人倫的な結びつきの一点に焦点を絞り込んで、理解しようとした。この理解は、仁斎が思想的に対峙した朱子学の理解、すなわち「道」を万事万象を規定する形而上学的な「理」に基づいて理解しようとしたことと、その思想的態度を著しく異にしている。仁斎学を批判的に克服しようとした徂徠学の理解、すなわち「道」を聖人の作為に成るものとし、礼楽刑政をもってその内実とするような理解とも異なっている。

仁斎が、「道」の所在を「人倫世界」に見出したことは、その根源を形而上学的世界に見出した朱子学とも、その実質的意味を政治的世界に見出した徂徠学とも異なる思想的特質といえる。だが、仁斎学の思想的特質はそれとともに、万人が「道」の実践主体たりうるとの立論をより現実的・整合的に提示しえた点にあった、というのが筆者の着眼点である。確かに、朱子学には「聖人学んで至るべし」との認識があった。だが、内なる自己の「理」と外なる事物の「理」を把握するための「居敬《きよけい》・窮理《きゅうり》」を基軸として展開された朱子学の学問論は、「知り難く行い難く高遠及ぶ可からざるの説」(童上五)といえ、万人がこれを実践することは困難であった。また、「聖人の叡智」を衆庶人の到達不可能な地点に据えた徂徠学にあって、衆庶人とは聖人が作為した「道」の恩恵に浴する機会を受動的に与えられた存在であるにすぎなかった。それに対し、仁斎学は「道」が身近なものであり、知りやすく行いやすいものであることを強調することで、万人がその実践主体たりうるための根拠を、明確なリアリティーをもって示したのである。

世の中全体に調和と充実をもたらすには、人と人との人倫関係を「仁義」の徳で取り結ぶことが必要であるが、そのためには各人が主体的に学問に取り組み、自律的に「道」を担っていく素養を育まねばならない。そのことは、ともすれば困難であるように見えるかもしれないが、聖人はそれが万人に可能であることを説くとともに、その実践のための「教え」を平易な形で万民に示してくれた。それゆえ、各人は「志」を立てて聖人の「教え」に学んでいけばよいのであり、それは十分に実践可能なことなのであった。このように、ひたすら衆庶人の側に立って、その学的営為に基づく「天人合一」の論理を説き明かそうとしたところに、仁斎学の際立った思想的特質があると見ることができる。

一般に、儒学思想とは、封建社会の社会構造や支配体制を支持する役割を担った「封建教学」として理解される。江戸初期の寛永年間から明治当初の廃藩置県時までの期間に設置が確認されている諸藩の学問所（藩校）は二八九校を数えるが、このほぼ三〇〇校近い藩校において儒学を講じなかったものは皆無であったことが、その最も有力な例証の一つといえる。仁斎学もまた、そうした「封建教学」の一系列であることによって、江戸社会の中で一定の思想的地位を獲得することができたはずである。だが、儒学思想に内包される様々な思想的可能性に丹念な視線を注ぐとき、そのすべてを「封建教学」という一つの言葉で片付けることのできない、思想上の諸側面が可視化されることも確かである。

むしろ、人と人との人倫的結びつきから成る「人倫世界」に「天地」の本義を読み取ろうとした仁斎学のような立論が、「封建教学」の内部から組み立てられていたことに、筆者は重大な視線を注ぎたい。儒学が「天下泰平」を追求する学的営為であったことは疑いない。その場合に、「天下泰平」のありようを政治的文脈において理解しようとする傾向が顕著であることも確かである。だが、儒学は「天下泰平」のすべてを「法」や「刑」などに基づく為政者の統治に帰したわけではなかった。それは、「礼」によっても、「徳」によっても支えられるべきものであった。さらに、「徳」に基づく「天下泰平」も、それは為政者の「徳」による衆庶人への感化・薫陶として論ぜられるだけのものではなかった。衆庶人の側が学問を通して「徳」を養うことに基づく「天下泰平」という立論もまた、儒学の内部から組み立てられることが可能であった。仁斎学の存在は、その最も重要な証左である。「天下泰平」のための最も根本的な要件を、衆庶人の「志」や「学」に基づく「徳」の涵養に見出した仁斎学は、寛永年間から宝永年間にかけての江戸前期に形づくられたがゆえに、まさに優れて「急進的」な思想であったと評することができるだろう。

江戸後半期以後の儒学史と仁斎学

仁斎学は、その後継者である嫡男東涯の学とともに「古義学」ないし「堀川学」とも称され、その隆盛ぶりについては、那波魯堂（一七二七〜八九）の『学問源流』が、仁斎東涯ノ学ヲ、仁斎派、或ハ東涯派ト云イ、古義学ト云イ、堀川学ト云ウ。元禄ノ中比《なかごろ》ヨリ、宝永ヲ経テ、正徳ノ末ニ至ルマデ、其学《そのがく》盛ンニ行ワレ、世界ヲ以テ是ヲ計ラバ、十分ノ七ト云程《いうほど》ニ行ワレ、元和寛永ノ風ナルハ甚《はなはだ》稀ナリ。[2]

と伝えている。少なくとも十八世紀初頭の京都では、学問を講ずる者の七割程度が仁斎や東涯の学に従事し、その学の隆盛ぶりはすでに惺窩・羅山の学統たる京学や闇斎学を凌駕していたというのである。実際に東涯は、仁斎門下に集った者が「凡そ三千余人」を数え、しかも門人の出身地が飛騨・佐渡・壱岐の三国を除くすべての諸国にまたがっていたと伝えている。[3] 仮説の域を出ないが、筆者はその隆盛の一因を、「天人合一」に関する仁斎学の「知り易く行い易く平正親切なる」（童上五）立論に認めることができるのではないか、と考えている。衆庶人にも「天地」の担い手としての役割を説いた仁斎学は、人々の学問への志を大いに鼓舞する意味を有したものと推察することができるからである。

だが、江戸の儒学史は、その後十八世紀前半期に徂徠学が興隆し、それに伴って仁斎・東涯の学は徐々に衰退していくようになる。同じく『学問源流』は、その様子を、徂徠学、享保ノ初年ニハ、江戸ニ専ラ行ワレ、其余ハ江戸ニテ其《その》学ヲ習イ、其国ニ帰リテ、其説ヲ唱ウル人稀ニアリ。其中ニモ関東ハ多シト謂ベシ。京都ニハ東涯ノ学盛《さかん》ニシテ、徂徠ノ学ハ新奇ノ説ナリト云《いう》人ハアレドモ、学ブ人ハ甚《はなはだ》少ナシ。其後漸漸ニ徂徠ノ説ニ従ウ人多クナリ、遂ニ関西九州四国ノ辺《あたり》マデ盛ンニシテ、東涯ノ学ヲスル人次第ニ衰《おとろ》ウ。[4]

と記している。そして十八世紀中葉には、「徂徠没シテ後、元文ノ初年ヨリ、延享寛延ノ比《ころ》マデ、十二三年ノ間ヲ甚シトス、世ノ人其説ヲ喜ンデ習ウコト信《まこと》ニ狂スルガ如シト謂《いう》ベシ」[5]というような徂徠学の全盛期を迎えるようになるのである。十八世紀前半期において、仁斎学が衰え、それに代わって徂徠学が興隆した理由は必ずしも判然としていない。だが、そうした動向が関西はもとより、九州や四国の地においても出現していたことは、仁斎学よりも徂徠学の方に、社会の現実をより説得的に説明し、社会の諸問題により現実的に対応しうる思想的枠組みが存在すると人々が認めたこと、そしてそうした人々の認識が地域性や階層性を超えた拡がりを見せていたこと、を示唆している。

　これも筆者の仮説ながら、一般庶民を含めたすべての人々に「天地との一体化」を説いた仁斎学には、とりわけ天子・諸侯・士・庶人の身分序列を基軸として構成された徳川封建社会の現実というものが、分厚い障壁として立ちはだかっていたのではないか。その障壁を乗り越えるためには、一般庶民もまた「志」を立てて「学」に従事することが不可欠であったが、徳川封建社会の現実は、一般庶民がそうした自覚をもち、それを実践に移すための条件や環境に、決定的に欠けていたのではないか。むしろ、封建体制の社会構造とは、世の中の調和と充実に取り組むべきは、元来「聡明叡智の徳」を備えた将軍・諸侯の役割であり、あるいはせいぜい社会の指導者たる武士身分以上の者に限られる、との理解を前提として成り立っていたのではないか。その意味で、儒学の説く「天人合一」とは、元来、将軍や諸侯の地位にある者の務めであり、あるいは少なくとも武士身分以上の者にのみ許される思想である、と受けとめられることの方が自然だったのではないか。

だとすれば、そうした理解に応答し適合する思想的枠組みを有したのは、仁斎学ではなく、むしろ徂徠学の方であったと見ることができるだろう[6]。江戸時代の人々にとって「天地」とは、実際的には、仁斎学が説く「人倫世界」のことではなく、徂徠学が論ずるように、あるいは儒学の思想系列の多くがそれに関心を寄せるように、やはり現実の統治体制としての「政治世界」のことを意味したのかもしれない。「天地」とは、人と人との人倫的結びつきによって成り立っている世界である以前に、その根底において、為政者の政治支配によってその秩序が保たれている世界であるとする理解が、江戸時代の人々の意識を根強く覆っていた可能性は、これを否定することができない。「天地」が「人倫世界」を意味するのであれば、衆庶人もまたこれを担っていくことは十分に可能である。だが、それが「政治世界」を意味するものである限り、これを担う役割を衆庶人に求めるのは非現実的だったはずである。そして、まさにこの点に、江戸中期儒学史の潮流を仁斎学から徂徠学へと移行させた重要な要因の一つがあったのかもしれない。

十八世紀後半以後、諸藩は学問所（藩校）を盛んに開設するようになり、それに伴っていわゆる学問塾（私塾）が全国的に普及するようになる。この「儒学の大衆化」を通して、儒学は江戸社会に根づいていき、朱子学や陽明学はもとより折衷学や考証学など多様な思想系列を構成することになる。だが、管見の限りではあるが、それら多様な儒学の思想系列の中で、「人と天地との一体化」の実践主体を万民に措定するような立論を提示したものは、ほとんど皆無といってよい。

もちろん、「寛政異学の禁」（一七九〇年）を契機として、幕府の官学となったいわゆる正学派の朱子学は、一般庶民もまた学問に志して聖人となることを目指す自己変革の教説を有していた。だが、これまで繰り返したように、朱子学の論理は一般庶民にとって日常の現実から乖離した高遠な形而上学の世界に所在していた。陽明学は、朱子学以上に「心」の修養を説き、「満街の人都《すべ》て是《こ》れ聖人[7]」とする王陽明（一四七二〜一五二八）の思想に基づいて、その学的体系を組み立てていた。だが、大塩中斎（一七九三〜一八三七）や林良斎（一八〇八〜四九）らの名を通して知られる江戸後半期の陽明学は、「心」を修めた指導者が一般庶民を救済すべきとの主張を展開することはあっても、一般庶民が自ら「心」を修めることで「天地」を担いうるとの所論を提示することはなかった。[8] 井上金峨《きんが》（一七三二～八四）に代表される折衷学や、太田錦城（一七六五～一八二五）に代表される考証学は、複数の儒学説を並列させることによる知の相対化や、経書考証に基づく朱子学の相対化を進めることで、江戸儒学史に新たな知の可能性を切り開く役割を演じたが、万人を「天人合一」の実践主体とするような知を開くことはなかった。

さらに、「内憂外患」という社会的危機を背景として、天保年間以後の江戸思想史のヘゲモニーを担った後期水戸学は、「道」の本義を記紀神話の「神勅」に求め、その「道」の実践を、「聖賢、上にあれば、政教を施して、道を天下に行い、下に在れば、言を立て材を育して、道を後世に伝う」[9] と、聖賢の務めに限定することで、一般庶民の存在を「天人合一」の文脈から引き剥がした。後期水戸学において一般庶民とは、あくまでも施政に「由らしむ」べき存在であるにすぎず、その施政もいわゆる「祭政一致」に基づく民衆教化（道徳規範の他律的習慣化）として語られるものであるにすぎなかった。ここでは詳細には立ち入らないが、こうした後期水戸学の論理は、「教育勅語」に象徴される明治儒教に継承され、そうしてこれが近代日本の国民道徳論の源流をなすことになる。明治儒教や近代日本の国民道徳論が、すべての国民をもって国家・社会の主体的・自律的な形成者と見る思想をもちえず、むしろ、天皇制国家の規範(「国体護持」という言葉に象徴される)への臣民の「自発的な服従」を思想の基軸としたことは、ここで改めて論ずるまでもない。

仁斎学と「今」との接点

筆者のこれまでの論考は、必ずしも江戸儒学史の諸動向を網羅的に吟味し尽くしているわけではなく、その意味で雑駁な所論との誇りは免れないかもしれない。だが、少なくともマクロな次元での視線からは、儒学思想の核心をなす「天人合一」という立論に対し、その実践主体を一般庶民をも含めた万人に措定する思想を、人と人との人倫的な連鎖の拡がりを視座に据えながら、学理的かつ実際的に組み立てたというのが、まさに仁斎学の最も特筆すべき独自性であった、と指摘することができるのではないか。だとすれば、そうした特質を有する思想が、この国の思想史的土壌から形づくられていたことの意味を、今改めて吟味し直す必要があるように思えてならない。

もちろん、仁斎学は、この国が今日抱えている複雑で困難な諸問題に直接に応答しうる思想ではない。例えば、地球環境やエネルギー需給の問題、グローバル化する経済や産業の問題、高度に発達した情報化への対応、急速に進行する高齢化と少子化問題、深刻な財政事情や地域格差の問題、安全保障や国際社会の秩序形成の枠組みづくり、などへの対応については、仁斎学は何ら具体的な回答を用意することができない。だが、仁斎学をも含めた儒学思想が第一義的に問うのは、絶え間なく沸き起こる様々に複雑な問題群の中で、何が最も根本的な問題であるのか、ということである。『論語』の「君子は本《もと》を務む。本《もと》立ちて道《みち》生ず」（学而第一・第二章）とは、その趣旨を最も端的に語った言葉である。

仁斎学においてその「本《もと》」とは、人と人との人倫的結びつきであり、そうした人倫的結びつきを個々人が引き受け、担っていくことで世の中全体が調和と充実へと導かれていく、ということにあった。少なくとも、「今」を生きる私たちが、その思想的な視線を「本《もと》」に傾注することができるのなら、仁斎学の立論は鮮やかな生気をもって私たちに迎え入れられるのではないか。二十一世紀を迎えてからすでに相応の時間が経過し、将来展望の不透明な社会にあって、一人ひとりの人間が社会と国家（さらには国際社会）の主体的で自律的な担い手であることが、さらに、そうして主体的・自律的に形成された人倫的な連環がより強靱な社会形成の基盤となっていくことが、最も強く求められているのが、「今」という時代だと考えられるからである。

注

序

1 仁斎学の思想史的評価については、渡辺浩『近世日本社会と宋学』（東京大学出版会、二〇一〇年増補新装版）、黒住真『近世日本社会と儒教』（ぺりかん社、二〇〇三年）、子安宣邦『伊藤仁斎の世界』（ぺりかん社、二〇〇四年）、土田健次郎『江戸の朱子学』（筑摩書房、二〇一四年）などを参照のこと。

2 仁斎の初学時代の様子を伝える記事としては、「甫《はじ》めて十一歳、師に就て句読を習う。初めて大学を授かり、治国平天下の章を読む。謂《おも》らく今の世亦許《かく》の如き事を知る者有るや」（「先府君古学先生行状」）や、「余髫齔《ししん》より、初めて斯道に志す有り。然れども俗学に困しみ、詩文に溺れて、進むを得ざる者、亦《また》幾歳。幸に嘗て延平先生の書、文公小学の書を読んで、始めて大いに感悟す。是に於て平生の志……遂に定まる」（「敬斎記」承応二年〈『仁斎先生文集』所収〉）などがある。

I

1 筆者は、以前に『仁斎学の教育思想史的研究』（慶應義塾大学出版会、二〇一〇年）において儒学を「教育思想」として論ずるための方法論を提示したことがある。儒学を宗教として論ずる立場については、加地伸行『儒教とは何か』（中央公論社、一九九〇年）を参照のこと。

2　幕藩体制確立期には、これ以外にも尾張藩主徳川義直が堀杏庵を、岡山藩主池田光政が熊沢蕃山を、水戸藩主徳川光圀が朱舜水を、加賀藩主前田綱紀が木下順庵をそれぞれ招聘している。
3　陳北渓『北溪先生性理字義』巻之下「誠字」、中野市右衛門刊行、寛永九年三月。
4　朱熹『中庸章句』第二十二章（『朱子全書』第六冊、所収）、四八頁。
5　同上第二十三章、五〇頁。
6　同上、四八頁。
7　同上、四九頁。
8　朱熹『近思録』巻之二（『朱子全書』第十三冊、所収）、一七六頁。
9　士大夫層の歴史社会的役割については、土田健次郎「中国近世儒学研究の方法的問題」（土田編『近世儒学研究の方法と課題』汲古書院、二〇〇六年、所収）、市來津由彦「中国における中庸注釈の展開——東アジア海域文化交流からみる」（市來津由彦他編『江戸儒学の中庸注釈』汲古書院、二〇一二年、所収）、渡辺浩『近世日本社会と宋学』（東京大学出版会、二〇一〇年増補新装版）、などを参照。

II

1　『惺窩先生文集』（日本思想大系28『藤原惺窩　林羅山』岩波書店、一九七五年、所収）、九二頁。
2　同上。
3　林羅山『春鑑抄』（同上書、所収）、一一七頁。
4　松永尺五『彝倫抄』（同上書、所収）、三一〇頁。

5 同上、三一一頁。
6 同上、三一〇～三一一頁。
7 『闇斎先生年譜』（『新編山崎闇斎全集』第四巻、ぺりかん社、一九七八年、所収）、四一〇～四一一頁。
8 山崎闇斎『闢異』（同上書第三巻、所収）、四四五～四四六頁。
9 山崎闇斎『仁説問答』（日本思想大系31『山崎闇斎学派』岩波書店、一九八〇年、所収）、二四四頁。
10 山崎闇斎『敬斎箴講義』（同上書、所収）、八〇頁。なお一部引用文の表記を改めた。
11 同上、八一頁。なお一部引用文の表記を改めた。
12 山崎闇斎『大学垂加先生講義』（同上書、所収）、二九頁。
13 『本佐録』（前掲日本思想大系28『藤原惺窩 林羅山』所収）、二七七頁。
14 「本多平八郎聞書」（日本思想大系38『近世政道論』岩波書店、一九七六年、所収）、二三頁。
15 同上、二七頁。
16 同上。
17 「池田光政日記」（前掲日本思想大系38『近世政道論』、所収）、五三頁。
18 同上、六四頁。
19 「黒田長政遺言」（日本思想大系27『近世武家思想』岩波書店、一九七四年、所収）、二〇頁。
20 同上。
21 江戸初期の諸侯が挙って学問に基づく「天人合一」を意識していたわけではない。例えば山崎闇斎は、「今ノ諸国ノ家老ヂャノ、又ハ一国一城ノ主ニ至テモ、多クハ自ラ云、必《かならず》学デ聖賢ノ道ヲ知ラデモ見事政《まつりごと》モナルモノヂャ、学ズトモ苦《くるし》カラヌ、ナンド云。実ニソレガ、善ト思テキルモノナリ」（山崎闇斎『大学垂加先生講義』〈前掲日本思想大系31『山崎闇斎学派』所収〉、四〇頁）と述べている。

22 中江藤樹『翁問答』下巻之本（日本思想大系29『中江藤樹』岩波書店、一九七四年、所収）、八五頁。

23 「儒学の大衆化」については、宮城公子『幕末期の思想と習俗』ぺりかん社、二〇〇四年、を参照。

24 渡辺浩『近世日本社会と宋学』東京大学出版会、二〇一〇年増補新装版、二〇四頁。

25 熊沢蕃山『集義和書（補）』（日本思想大系30『熊沢蕃山』岩波書店、一九七一年、所収）、三七二頁。

26 佐藤直方『学談雑録』（前掲日本思想大系31『山崎闇斎学派』所収）、四三〇～四三一頁。

27 山鹿素行『山鹿語類』巻第二十一（日本思想大系32『山鹿素行』岩波書店、一九七〇年、所収）、三一～三二頁。

28 林羅山『理氣辨』（日本教育思想大系13『林羅山・室鳩巣』日本図書センター、一九七九年、所収）、六一頁。

29 前掲『学談雑録』、四三八頁。

30 朱熹『大学或問』上（『朱子全書』第六冊、所収）、五一三頁。

31 「孝」をもって「天地の心」と「人の心」とを一体化させようとする藤樹の認識は、例えば、「このたからは、天にありてはてんの道となり、地にありては地のみちとなり、人にありては人のみちとなるもの也。元来名はなけれども、衆生におしえしめせんために、むかしの聖人、その光景をかたどりて孝となづけ給う」（中江藤樹『翁問答』上巻之本〈日本思想大系29『中江藤樹』岩波書店、一九七四年、所収〉、二四頁）という所述に集約されている。

32 貝原益軒『初学訓』巻之一（『益軒全集』第三巻、国書刊行会、一九七三年、所収）、二頁。
33 同上。
34 貝原益軒『大和俗訓』巻之一（同上書、所収）、五五頁。
35 荻生徂徠『弁名』上「道」（日本思想大系36『荻生徂徠』岩波書店、一九七三年、所収）、四五〜四六頁。
36 同『弁名』下「天命帝鬼神」、一二〇頁。
37 同上、一二三頁。
38 同上、一二一頁。
39 同上、一二七頁。
40 荻生徂徠『太平策』（前掲日本思想大系36『荻生徂徠』、所収）、四四八頁。
41 同上、四六六頁。
42 荻生徂徠『蘐園随筆』巻四（『荻生徂徠全集』第十七巻、みすず書房、一九七六年）、二九八頁。

III

1 この相違は、「鬼神」に対する両者の認識とも深く関連する。仁斎は、「鬼神」や「卜筮」を尊信したとされる三代聖王の治世よりも、「教法」を立てた孔子の功績を高く評価するが、それを徂徠は、「鬼神なる者は、先王これを立つ。先王の道は、これを天に本づけ、天道を奉じて以てこれを行い、その祖考を祀り、これを天に合す。……仁斎の意、けだし謂《おも》えらく、三代の聖王も、その心はまた鬼神を尚ばず、ただ民の好む所を以てして姑且《しばらく》これに従うと。妄なるかな。これ道を知らざる者の言なり」（『弁名』下「天命帝鬼神」〈前掲日本思想大系36『荻生徂徠』所収〉、一三三頁）と批判している。

Ⅳ

1　仁斎はその『童子問』の中で、「晦翁の云く、三代以前は尽《ことごと》く天理に出づ、三代以後は総て是れ人欲、と。此の語如何」（童中二十一）という門人からの問いを立て、これに「此れ仁人の言に非ず」（同上）と答える形で、朱子学の認識を否定している。

Ⅴ

1　例えば徂徠は、「天下を安んずるは、一人の能くなす所に非ず。必ず衆力を得て以てこれを成す」（『弁道』〈前掲日本思想大系36『荻生徂徠』所収〉、二四頁）と述べている。

2　これについて詳しくは、田尻祐一郎「伊藤仁斎の中庸論」（市來津由彦他編『江戸儒学の中庸注釈』汲古書院、二〇一二年、所収）を参照されたい。

3　『朱子語類』巻第四、無名（『朱子全書』第十四冊、所収）、一九六頁。

4　「体用論」に対する仁斎の批判的見解は、「大凡《おおよ》そ体用の説は、本《もと》近世に起る。聖人の書に之《これ》無し。……体用を以て聖人の学を説く可からざること、此《かく》の如し」（字義上・理四）に集約されている。

5　「心は性情を統ぶ」とは、朱子学の先行者である張横渠（一〇二〇～七七）の言葉として知られる（朱熹『近思録』巻一〈『朱子全書』第十三冊〉、一七五頁、を参照のこと）。

VI

1 朱熹『論語集注』(『朱子全書』第六冊、所収)、九六頁。

2 朱熹『朱子語類』巻第十六、道夫禄(『朱子全書』第十四冊、所収)、五五一頁。

3 仁斎の先行者たる陳北溪の『性理字義』も「忠信の両字、誠の字に近し」とした上で、「誠は、是れ本然天賦真実の道理の上に就いて字を立つ。忠信は、人の工夫を做す上に就て字を立つ」(『北溪先生性理字義』巻之上、「忠信」第四條、中野市右衛門刊行本、寛永九年)と述べ、「誠」と「忠信」との相違を「天賦真実の道理」に基づくか、それとも「人の工夫」に基づくかに求めている。

VII

1 金谷治『孟子』(新訂中国古典選五)朝日新聞社、一九六六年、四七二頁。

2 筆者の推測になるが、「相手を思いやる心」を推し及ぼす範囲の量的拡大は、その心が質的に深化することで可能であるように思われる。むしろ、心の「質的深化」は容易に可視化できないが、それを可視化するものが、心が注がれる範囲の「量的拡大」であると解釈することもできる。それゆえ、「四端の心」の量的拡大とは、同時にその質的深化をも意味する、と考えておく方が自然であろう。

3 朱熹『孟子集注』巻第三、公孫丑章句上(『朱子全書』第六冊、所収)、二八九〜二九〇頁。

4 実際に仁斎は、「此《これ》に存して彼《かれ》に行われざるは仁に非ず。一人に能《よ》くして十人に及ばざるは仁に非ず」(童上四十三)と、「仁」が一対一の人間関係だけで成り立つものでないことを説いている。

1　I．カント／加藤泰史訳『教育学』（『カント全集』第十七巻、岩波書店、二〇〇一年、所収）、二二五〜二二六頁。

2　I．カント／波多野精一他訳『実践理性批判』岩波書店、一九七九年、七二頁。

3　朱熹『論語集注』述而第七（『朱子全書』第六冊、所収）、一二二頁。なお、朱子は「憤・悱」のことを、「憤は、心通ずるを求むるも未だ得ざるの意。悱は口言わんと欲するも未だ能はざるの貌」と注記している。

4　荻生徂徠『学則』三（日本思想大系36『荻生徂徠』岩波書店、一九七三年、所収）、一九二頁。

5　これを、浅見絅斎が「仁斎ガ云ル孝弟忠信ハ皆只殊勝ニ世間向ノ最愛《いとし》ガリ結構ヅクニテ、嫗嚊《うばかか》ノ挨拶云様ニ柔和愛敬ヲホケ〳〵トスルコトヲシアフ迄也」（浅見絅斎『劄録』〈日本思想大系31『山崎闇斎学派』岩波書店、一九八〇年、所収〉三八六頁）と批判したことはよく知られている。

後序

1　これについては、辻本雅史『「学び」の復権』岩波書店、二〇一二年、五〇頁、ならびに、同『教育を「江戸」から考える』日本放送出版協会、二〇〇九年、一〇八頁、を参照のこと。

2　那波魯堂『学問源流』大坂崇高堂蔵板、寛政十一（一七九九）年刊、慶應義塾大学図書館所蔵。

3　東涯の「先府君古学先生行状」は、仁斎塾への来訪者や門人の数を「刺を投じて来謁する者、録に著るゝこと凡そ三千余人」と伝え、また同じく東涯『盍簪録《こうしんろく》』（巻之二、紀実篇）は、その出身地について「先人生徒を教授すること、四十余年。諸州の人、国至らざること無く、唯《ただ》飛騨佐渡壱岐等、二三州の人、僻遠にして録に著れず」と記している。

4　前掲『学問源流』。

5　同上。

6　ただしいわゆる徂徠学派が、太宰春台に代表される「経学派」と服部南郭に代表される「詩文派」とに分かれ、大勢は後者に流れたように、徂徠学説に従ったとしても現実の治政を担いうるのは一部の要人に限られていた。詳しくは、土田健次郎『江戸の朱子学』筑摩書房、二〇一四年、二〇二頁、を参照。

7　王陽明／山田準・鈴木直治訳註『伝習録』岩波書店、一九三六年、三一三頁。

8　例えば、大塩中斎は「勇士は気を養いて理を明らかにせず。儒者は理を明らかにして気を養わず。常人は則ち亦た気を養わず、亦た理を明らかにせず、栄辱禍福、惟《た》だ是《こ》れ趨避《すうひ》するのみ。理と気と合一し、天地と徳を同じくし、陰陽と功を同じうする者は、其れ惟だ聖賢か」（『洗心洞劄記』上二四〈日本思想大系46『佐藤一斎 大塩中斎』岩波書店、一九八〇年、所収〉、三七五頁）と述べ、「天地との一体化」が期待できるのは聖賢のみとする認識を示している。

9　会沢正志斎『退食間話』（日本思想大系53『水戸学』岩波書店、一九七三年、所収）、二三七頁。

主要参考文献一覧

仁斎・東涯著作

伊藤仁斎『易経古義』(林本。元禄十六年頃)、『古学先生文集』(東涯東所書入本、宝永三年)、『語孟字義』(林本。宝永二年頃)、『仁斎先生文集』(各論攷の成稿年は目録に記載)、『大学定本』(元禄十六年冬校本)、『童子問』(林本。宝永三年頃)、『孟子古義』(林本。宝永三年頃、巻之二のみ宝永元年本)、『論語古義』(林本。宝永二年頃)、以上、天理大学附属天理図書館古義堂文庫所蔵。

――『中庸発揮』全一冊、京兆玉樹堂発行、正徳四(一七一四)刊。

伊藤東涯『盍簪録』(手稿本。筆写年の記載なし)、慶應義塾大学図書館所蔵。

――「先府君古学先生行状」(前掲『古学先生文集』、所収)。

朱熹・朱子学関連著作

王　陽明/山田　準・鈴木直治訳註『伝習録』岩波書店、一九三六年。

朱　熹『晦庵先生朱文公文集』(『朱子全書』第二十~第二十五冊、所収)。

――『近思録』(『朱子全書』第十三冊、所収)。

――『朱子語類』(『朱子全書』第十四~第十八冊、所収)。

――『大学或問』『中庸章句』『孟子集注』『論語集注』（『朱子全書』第六冊、所収）。
陳　北溪『北溪先生性理字義』中野市右衛門刊行本、寛永九（一六三二）年、慶應義塾大学図書館所蔵。

江戸思想史関連著作

会沢正志斎『新論』、『退食間話』（日本思想大系53『水戸学』岩波書店、一九七三年、所収）。

浅見絅斎『剳録』（日本思想大系31『山崎闇斎学派』岩波書店、一九八〇年、所収）。

大塩中斎『洗心洞劄記』（日本思想大系46『佐藤一斎　大塩中斎』岩波書店、一九八〇年、所収）。

荻生徂徠『太平策』、『弁道』、『弁名』（日本思想大系36『荻生徂徠』岩波書店、一九七三年、所収）。

――『蘐園随筆』（『荻生徂徠全集』第十七巻、みすず書房、一九七六年、所収）。

――『中庸解』（『荻生徂徠全集』第二巻、河出書房新社、一九七八年、所収）。

貝原益軒『君子訓』、『初学訓』、『大和俗訓』（益軒会編『益軒全集』第三巻、国書刊行会、一九七三年、所収）。

――『大疑録』（同前、『益軒全集』第二巻、所収）。

熊沢蕃山『集義和書（補）』（日本思想大系30『熊沢蕃山』岩波書店、一九七一年、所収）。

佐藤直方『学談雑録』（前掲、日本思想大系31『山崎闇斎学派』、所収）。

中江藤樹『翁問答』（日本思想大系29『中江藤樹』岩波書店、一九七四年、所収）。

那波魯堂『学問源流』大坂崇高堂蔵板、寛政十一（一七九九）年、慶應義塾大学図書館所蔵。

林　羅山『春鑑抄』（日本思想大系28『藤原惺窩　林羅山』岩波書店、一九七五年、所収）。

――『理氣辨』（日本教育思想大系13『林羅山・室鳩巣』日本図書センター、一九七九年、所収）。

藤原惺窩『惺窩先生文集』（前掲、日本思想大系28『藤原惺窩 林羅山』、所収）。

松永尺五『彝倫抄』（前掲、日本思想大系28『藤原惺窩 林羅山』、所収）。

山鹿素行『山鹿語類』（日本思想大系第32『山鹿素行』岩波書店、一九七〇年、所収）。

山崎闇斎『敬斎箴講義』、『大学垂加先生講義』、『仁説問答』（前掲、日本思想大系31『山崎闇斎学派』、所収）。

——『闢異』（『新編山崎闇斎全集』第三巻、ぺりかん社、一九七八年、所収）。

その他の著作

市來津由彦他編『江戸儒学の中庸注釈』汲古書院、二〇一二年、所収。

沖田行司編著『人物で見る日本の教育』ミネルヴァ書房、二〇一二年。

荻生茂博『近代・アジア・陽明学』ぺりかん者、二〇〇八年。

片岡 龍・金 泰昌編『公共する人間Ｉ 伊藤仁斎——天下公共の道を講究した文人学者』東京大学出版会、二〇一一年、所収）。

加地伸行『儒教とは何か』中央公論社、一九九〇年。

金谷 治『孟子』（新訂中国古典選第五巻）朝日新聞社、一九六六年。
I．カント／加藤泰史訳『教育学』（『カント全集』第十七巻、岩波書店、二〇〇一年、所収）。
I．カント／波多野精一他訳『実践理性批判』岩波書店、一九七九年、七二頁。
黒住 真『近世日本社会と儒教』ぺりかん社、二〇〇三年。
子安宣邦『伊藤仁斎の世界』ぺりかん社、二〇〇四年。

――『仁斎学講義――『語孟字義』を読む』ぺりかん社、二〇一五年。

相良　亨『伊藤仁斎』ぺりかん社、一九九八年。

島田虔次『大学・中庸』（新訂中国古典選第四巻）朝日新聞社、一九六七年。

田尻祐一郎『江戸の思想史――人物・方法・連環』中央公論新社、二〇一一年。

辻本雅史『教育を「江戸」から考える――学び・身体・メディア』日本放送出版協会、二〇〇九年。

――『「学び」の復権――模倣と習熟』岩波書店、二〇一二年（原著は、角川書店より一九九九年刊）。

土田健次郎『江戸の朱子学』筑摩書房、二〇一四年。

土田健次郎編『近世儒学研究の方法と課題』汲古書院、二〇〇六年、所収。

丸山真男『日本政治思想史研究』東京大学出版会、一九五二年。

宮城公子『幕末期の思想と習俗』ぺりかん社、二〇〇四年。

山本正身『仁斎学の教育思想史的研究――近世教育思想の思惟構造とその思想史的展開』慶應義塾大学出版会、二〇一〇年。

――「仁斎と益軒――近世儒者における知の位相」（山本英史編著『アジアの文人が見た民衆とその文化』慶應義塾大学言語文化研究所、二〇一〇年、所収）。

――『日本教育史――教育の「今」を歴史から考える』慶應義塾大学出版会、二〇一四年。

吉川幸次郎『論語（上）（下）』（新訂中国古典選第三巻・第四巻）朝日新聞社、一九六五～六六年。

渡辺　浩『近世日本社会と宋学』東京大学出版会、二〇一〇年増補新装版（原著は一九八五年）。

――『日本政治思想史――十七～十九世紀』東京大学出版会、二〇一二年。

謝辞

本書は、平成二十七年度「慶應義塾大学特別研究期間制度適用者特別研究費」による研究成果の一部である。刊行にあたっては、三田哲学会ならびに慶應義塾大学出版会の関係各位、とりわけ同出版会の飯田建さんから格別のご支援をいただいた。深く感謝の意を表する次第である。

山本正身（やまもと　まさみ）
1956年生まれ。慶應義塾大学文学部教授。博士（教育学）。
1987年、慶應義塾大学大学院社会学研究科博士課程単位取得退学。専門は日本教育史、日本教育思想史、江戸儒学史。
主な著書に、『仁斎学の教育思想史的研究―近世教育思想の思惟構造とその思想史的展開』（慶應義塾大学出版会、2010年）、『日本教育史―教育の「今」を歴史から考える』（慶應義塾大学出版会、2014年）、『アジアにおける「知の伝達」の伝統と系譜』（編著、慶應義塾大学言語文化研究所、2012年）、『人物で見る日本の教育』（共著、ミネルヴァ書房、2012年）、『教育思想史』（共著、有斐閣、2009年）、ほか。

慶應義塾大学三田哲学会叢書
伊藤仁斎の思想世界
――仁斎学における「天人合一」の論理

2015年10月30日　初版第1刷発行

著者――――――山本正身
発行――――――慶應義塾大学三田哲学会
〒108-8345　東京都港区三田2-15-45
http://mitatetsu.keio.ac.jp/
制作・発売所――慶應義塾大学出版会株式会社
〒108-8346　東京都港区三田2-19-30
TEL〔編集部〕03-3451-0931
〔営業部〕03-3451-3584〈ご注文〉
〃　03-3451-6926
FAX〔営業部〕03-3451-3122
振替　00190-8-155497
http://www.keio-up.co.jp/
装丁――――――耳塚有里
組版――――――株式会社キャップス
印刷・製本―――中央精版印刷株式会社
カバー印刷―――株式会社太平印刷社

Printed in Japan　ISBN978-4-7664-2275-7

「慶應義塾大学三田哲学会叢書」の刊行にあたって

ars incognita

このたび三田哲学会では叢書の刊行を行います。本学会は、1910年、文学科主任川合貞一が中心となり哲学専攻において三田哲学会として発足しました。1858年に蘭学塾として開かれ、1868年に慶應義塾と命名された義塾は、1890年に大学部を設置し、文学、理財、法律の3科が生まれました。文学科には哲学専攻、史学専攻、文学専攻の3専攻がありました。三田哲学会はこの哲学専攻を中心にその関連諸科学の研究普及および相互理解をはかることを目的にしています。

その後、1925年、三田出身の哲学、倫理学、社会学、心理学、教育学などの広い意味での哲学思想に関心をもつ百数十名の教員・研究者が集まり、相互の学問の交流を通して三田における広義の哲学を一層発展させようと意図して現在の形の三田哲学会が結成されます。現在会員は慶應義塾大学文学部の7専攻（哲学、倫理学、美学美術史学、社会学、心理学、教育学、人間科学）の専任教員と学部学生、同大学院文学研究科の2専攻（哲学・倫理学、美学美術史学）の専任教員と大学院生、および本会の趣旨に賛同する者によって構成されています。

1926年に学会誌『哲学』を創刊し、以降『哲学』の刊行を軸とする学会活動を続けてきました。『哲学』は主に専門論文が掲載される場で、研究の深化や研究者間の相互理解には資するものです。しかし、三田哲学会創立100周年にあたり、会員の研究成果がより広範な社会に向けて平易な文章で発信される必要性が認められ、その目的にかなう媒体が求められることになります。そこで学会ホームページの充実とならんで、この叢書の発刊が企図されました。

多分野にわたる研究者を抱える三田哲学会は、その分、多方面に関心を広げる学生や一般読者に向けて、専門的な研究成果を生きられる知として伝えていかなければならないでしょう。私物化せず、死物化もせずに、知を公共の中に行き渡らせる媒体となることが、本叢書の目的です。

ars incognita　アルス インコグニタは、ラテン語ですが、「未知の技法」という意味です。慶應義塾の精神のひとつに「自我作古（我より古を作す）」、つまり、前人未踏の新しい分野に挑戦し、たとえ困難や試練が待ち受けていても、それに耐えて開拓に当たるという、勇気と使命感を表した言葉があります。未だ知られることのない知の用法、単なる知識の獲得ではなく、新たな生の技法（ars vivendi）としての知を作り出すという本叢書の精神が、慶應義塾の精神と相まって、表現されていると考えていただければ幸いです。

慶應義塾大学三田哲学会